レトロ銭湯へようこそ
西日本版

各銭湯の営業データは2017年3月20日現在のものです。
営業時間や定休日は変更されることがあります。

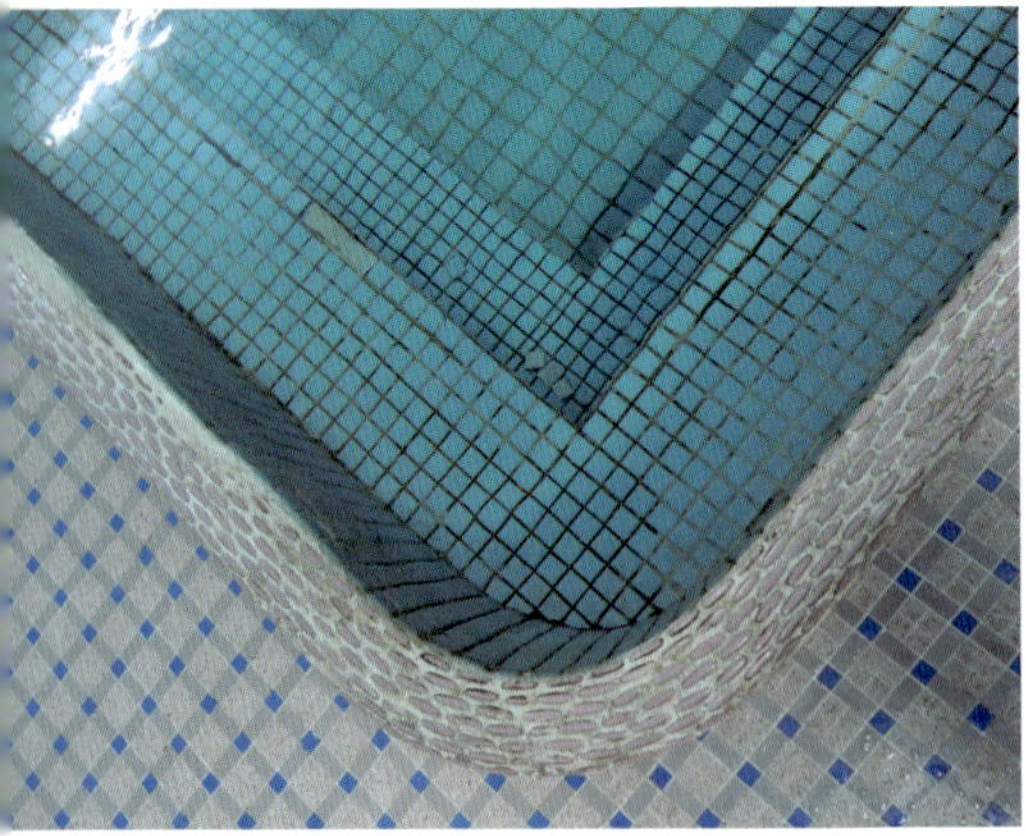

はじめに――

「西」で出会うレトロ銭湯の世界

クランク状の狭い路地を曲がった瞬間、夕陽に染まる古びた建物が目の前に現れた。

二つ並んだガラス戸に「男」「女」の表示。だが暖簾は出ていない。

そのとき横の路地から腰の曲がった老婆が現れ、無造作に「女」の戸を開けてあっという間に消えていった。

営業しているのか!

財布の小銭を確認し、思い切って「男」の戸を開ける。狭いタタキの脇に重々しい番台があり、その上から満面の笑みが降ってくる。

「いらっしゃい。寒かねぇ」

その瞬間、体からすっと力が抜ける。ガラス戸の向こうに、極楽浄土のような湯気が透けて見える・・・。

その地の人々が長年通い、日々の疲れを落とし、裸で脱力放心してきた場所。それでいて、誰がフラッとやってきても当たり前に迎えてくれる場所。旅先で出会うレトロ銭湯でのひとときは、ホテルのユニットバスでは決して経験できない出会いと発見に満ちている。

日本の中でもとりわけ複雑な地理と歴史を有する中国・四国・九州・沖縄。移動とともにクルクル変わる言葉や食べ物と同様、点々と残る銭湯も地域ごとに濃厚な個性を見せつけながら、あくまで何気ない面持ちでひっそりと湯気を立てている。

本書では、2015年に刊行された本シリーズの「関西版」に続き、旅情あふれる西日本の貴重な銭湯55軒を紹介する。タオルと石鹸を持って、さあ出発しよう。

※本書でいう「レトロ銭湯」とは、物価統制令に定められた一般公衆浴場のうち、おおむね高度成長期以前に建てられた民間経営の施設を指す。まちの風呂屋としての「場」の魅力をテーマとして絞ったため、湯の質(井戸水か水道水か天然温泉か)による区別をしていない。が、南九州を中心とする計13軒は源泉かけ流しの温泉だ(本文参照)。

また別府などに見られる地域住民による共同管理方式の温泉浴場や、まちから離れた場所にある施設は割愛した。

あの銭湯に行った日から、
なにかが変わっていった。

(第１章)汐湯(大分県中津市、本文6頁)

第１章

人生を変える風呂旅5選

人生を変える風呂旅5選

汐湯

大分県中津市

白湯（手前）と海水湯（右奥）。

湯上りは涼み台でコーヒーやビール。ここで寝てしまう人もいる。

1 古い木製脱衣箱が現役の脱衣場。2 浴場棟。3 休憩料金350円で利用できる休憩室。冬はコタツで昼寝。

天国に いちばん近い風呂

銭湯とは日々通う身近な存在。でも中津の汐湯だけは別だ。遠くても通いたくなる。漂泊の俳人、種田山頭火もおそらく同じ思いでたびたび訪れた。

１８９２(明治25)年に料亭として始まり、４年後に汐湯と旅館が開業。圧倒的な存在感の木造３階建は大正初期建築だ(５頁写真)。

満潮時に汲み上げられる汐湯の海水は熱めに沸かされる。でも肌触りはふわりと柔らかい。

湯上がりは涼み台でビール。そのあとは休憩室のコタツで昼寝。まるで浦島太郎のように時間が流れてゆく。旅館部は閉館したが、５名以上で予約すれば本格的な割烹料理が食べられる。

はじめて汐湯を訪れた日から、

休憩棟には大宴会場から小部屋まで多くの部屋がある。

4 変わった形状の湯吐き口。5 休憩棟から見下ろす中津城の桜。6 浴室のモザイクタイル画。7 まろやかな海水湯。8 隣は中津城。

「中津海水湯」の古い石柱

宴会場の照明

私は中津への移住を考えるようになった。その日が来るまで、いや、未来永劫、風呂好きが帰る聖地として存在し続けてほしい。

汐湯《しおゆ》

- 大分県中津市三ノ丁1278-1
- 0979-22-0128
- 11:00(6〜9月は10:00)〜21:00
- 休 4のつく日
- 日豊本線「中津」徒歩15分

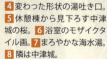

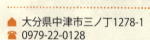

人生を変える風呂旅5選

喜楽湯

宮崎県延岡市

荘厳なオーラを感じる浴室天井。

円形浴槽、男女仕切り壁の広告、木製ガラス戸など地方銭湯の楽しさが濃縮された浴室。

時空を超える青

延岡城跡の東、大瀬川の堤防下の道に、丸い湯船が一つだけの古びた風呂屋がある。

この喜楽湯に身を置いたときに覚える特別感は何だろう。裸の自分がとても大切に扱われているような、この充足感は。

戦前からこの場所に風呂屋があった。空襲で焼け野原になったが、終戦の4年後、残った土台の上に銭湯を再建した男がいた。喜楽湯という屋号も戦前の名を引き継いだ。

その風呂を磨き、沸かし、客を迎える日々を、二代目店主の甲斐政義さん・ヒロ子さん夫妻が実直に、丁寧に繰り返す。そうか、大切に扱われているのはこの風呂だ。そしてその湯に浸かることで自分も大切にされる……これこそが銭湯なのだ。

平板な番台周辺の眺めにもどこか完成されたものを感じる。

脱衣箱のレトロな錠前。

開拓時代の北海道を思わせる外観。

ウサギ穴のような釜場への出入り口。

昔ながらの脱衣箱。

喜楽湯《きらくゆ》

宮崎県延岡市本町1-3-7
0982-32-4712
15:00〜20:00
休 日曜日
日豊本線「延岡」徒歩18分

1 脱衣場の男女壁にも広告がある。男湯は飲食店、女湯は美容院が多い。
2 磨き抜かれた細かなタイル。

人生を変える風呂旅5選

大社湯

鳥取県倉吉市

明治時代のままの狭い浴室。奥の副浴槽は埋められている。

牧田智子さん

1 湯船の底に、玄関脇のコウモリ柄タイル（円中）と同じものがびっしり。玄関脇の同タイルは鳥取地震で全部剥落したが1枚しか割れず、建物の歪み補正後に元通り貼りなおす予定。
2 女湯の脱衣場。ケヤキの床板には釘が1本も使われていない。

2

1

地震に耐えた奇跡の明治銭湯

2016年の鳥取県中部地震では全国の銭湯ファンが肝を冷やした。震源に近い倉吉市には、日本に5軒しかない国の登録有形文化財銭湯の一つ、大社湯があるからだ。

1907（明治40）年の創業当時の姿のまま営業を続けてきた同湯だが、地震の揺れで浴室壁のタイルがほとんど落ちた。「もう終わったと思った」と店主の牧田慎太郎さん・智子さん夫妻は新聞に語っている。

しかし、すぐに四国から様子を見に来た長男の修治さん（大学教員）が「定年後にあとを継ぐ」と言明。修繕費の大部分を県と市が出すことになり継続が決まった。

幸い、貴重なタイル壁は左官屋さんの協力で奇跡的に再現され、

出雲大社倉吉分院との間の路地を少し入る。

浴室に使われているレトロなタイル。

赤瓦白壁土蔵群の観光ゾーンから徒歩5分。

地震から1ヵ月余りでほぼ元の姿のまま再開することができた。
　生きた博物館ともいえる大社湯。今もここで風呂に入れる奇跡に感謝せずにはおれない。

日本最小の浴室入口。

大社湯《たいしゃゆ》

- 鳥取県倉吉市新町3-2292
- 0858-23-2093
- 16:30〜19:00
- 休 5のつく日
- 日交バス「新町」徒歩1分

人生を変える風呂旅5選

中乃湯

沖縄県沖縄市

仲村シゲさんに会いたくて本土から通う人や、沖縄に移住した人もいる。

1 左が浴場棟、右手前の2階建ては仲村シゲさんが建てた仕事部屋。2 浴場の屋上にある11トンの貯水槽。ふたは台風で飛んでいったそうだ。3 女湯の小さなタイル絵。4 女湯の赤ちゃん台。5 シンプルな脱衣場に貼られた少年僧の写真が印象的。

2

1

5

4

3

沖縄最後の"ゆーふるやー"

中乃湯の楽しみは、地下300メートルから汲み上げるまろやかな温泉や、沖縄銭湯独特の造りもさることながら、30年以上ここを一人で切り盛りする仲村シゲさんと湯上がりにしばし楽しむ「ゆんたく」(雑談)にあるだろう。

「ゆーふるやー」と呼ばれる沖縄の銭湯は、かつては離島も含めて300軒以上あったと言われるが、シャワーの普及で急減し、とうとうここ中乃湯だけとなった。

同湯は1960年開業。石垣島出身のシゲさんは35歳のとき嫁に来た。夫亡きあと、午前中はパート勤務、午後からは中乃湯を営業して息子さんを育ててきた。

「くわっちーさびたん(ごちそうさま)」「にふぇーでーびる(ありがと

浴室と脱衣場の間に仕切りがないこと、洗い場のカランが高い位置にあることが沖縄銭湯の特徴。
カランの湯と水を混合するホースは常連客の手作り。湯船のことは中華式に「湯池（いけ）」と言う。

うございます）」——湯上がりのそんな挨拶を聞きながら、日本最南端の銭湯文化にゆっくりと浸ろう。

湯上がりは前のベンチでシゲおばあとゆんたく（雑談）。

中乃湯《なかのゆ》

- 沖縄県沖縄市安慶田1-5-2
- 080-6494-8953
- 14:00〜19:00
- 休 木・日曜日
- 琉球・沖縄バス「安慶田」徒歩2分

人生を変える風呂旅5選

大正湯

愛媛県八幡浜市

1年間の休業を経て、2016年9月に再オープン。外観は美しくリニューアルされた。

よみがえった１００年銭湯

かつて「愛媛の大阪」と称されるほどの繁栄を謳歌した八幡浜も、残る銭湯は１軒のみとなった。

大正期の創業当時の姿を留める大正湯は、創業１００年目を迎えた２０１５年９月、ボイラーが壊れたため休業。他の部分も傷みが激しく、三代目の山内実さんは廃業を考えた。だが番台を守ってきた妻・富美子さんは常連客の声を聞いて再開を希望し、娘夫婦も「ゆくゆくは後を継ぐ」と実さんの背中を押した。

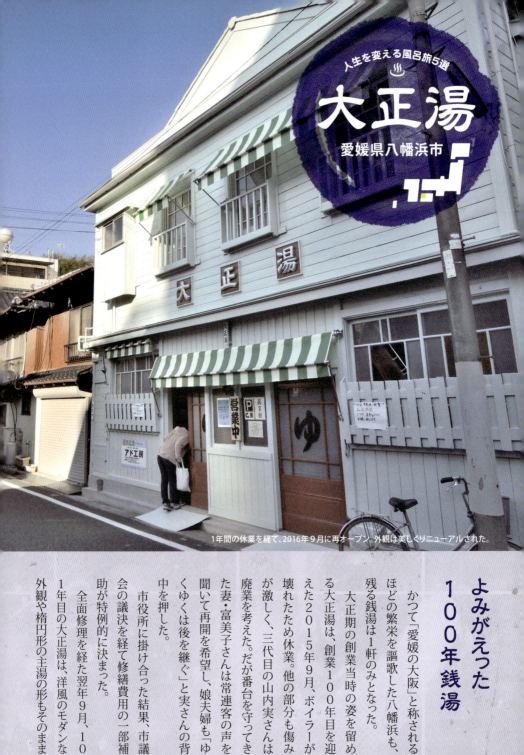

市役所に掛け合った結果、市議会の議決を経て修繕費用の一部補助が特例的に決まった。

全面修理を経た翌年９月、１０１年目の大正湯は、洋風のモダンな外観や楕円形の主湯の形もそのままに、同湯のみならず日本の銭湯史にも特筆すべきピカピカの再スタートを切った。

内部も全面リニューアルされたが浴槽の形状や配置はそのまま。

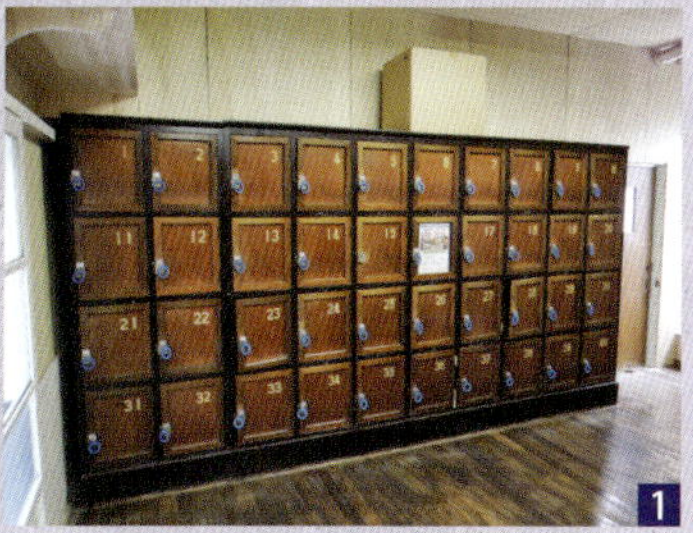

1 脱衣箱や下駄箱は昔のものが使われている。
2 休業前の姿はまるで映画のセットのようだった。
3 以前と同じ番台におかみさんの山内富美子さんが座る。
4 新調された釜と店主の山内実さん。

副浴槽の
カラフルタイル

大正湯《たいしょうゆ》

- 愛媛県八幡浜市大正町1132
- 0894-21-2033
- 15:00～22:00
- 休 5のつく日
- 予讃線「八幡浜」徒歩10分

すぐ近くの八幡浜港とみかん山。

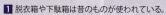

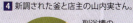

福岡銭湯

富士山めぐり

東京の銭湯文化として知られる
浴室の富士山ペンキ絵が、
突如として九州福岡に上陸！
さあ手ぬぐい持って
富士山めぐりに出かけよう。

大黒湯（本文24頁）の女湯の眺め。

銭湯といえば富士山――と思われがちだが、じつは富士山ペンキ絵は東京周辺にしかない。なぜなら、その専門絵師が東京にしかいないからだ。

2013年、その富士山が突如として福岡に上陸した。3軒の銭湯が東京の銭湯絵師・中島盛夫氏を招聘したのである。その後も富士山上陸は続き、現在は6軒で富士山を眺められる。

福岡市の銭湯はわずか13軒。人口が同規模の京都市に140軒近い銭湯があるのと比べて寂しい状況だ。そこに現れた富士山は何をもたらしたのだろう。

荒戸湯

はじまりの湯

そもそもなぜ富士山なのか。

荒戸湯
P18～20

梅乃湯
P20～21

西公園浴場
P21～22

東湯
P23～24

大黒湯
P24～25

鶴亀湯
P25～26

東京で「乙女湯のたしなみ」というグループを作って銭湯応援活動をしてきた宇佐川雅美さんという人がいる。2012年に郷里の福岡へ戻った宇佐川さんは、1926（大正15）年築の歴史ある銭湯・荒戸湯の佐伯登志子さんからこんな話を聞く。「むかし東京で働いていた夫が、九州の銭湯には富士山の絵がないな、頼んでみられんかなあ、と言ってたんです」

　中島絵師と知り合いだった宇佐川さんは、さっそく本人に相談。絵師を東京から呼ぶ費用を考慮し、複数の銭湯で同時に依頼することにした。

　こうして中島絵師がやって来た。何もない浴室に彼が富士山を描き出す技術は圧巻だった。

　言い出しっぺの荒戸湯には、マスコミ取材が今も続く。古い

奥壁の富士山と側面の古い映画ポスターの両方が楽しめる。

1 古い映画ポスターは脱衣場にも飾られている。2 番台を守ってきた佐伯登志子さん。

映画ポスターも掲示し、レトロな風情がさらに高まっている。

荒戸湯《あらどゆ》

- 福岡市中央区荒戸3-10-6
- 092-741-0047
- 16:30～22:00
- 休 月曜日
- 福岡市営地下鉄空港線「唐人町」徒歩6分

梅乃湯

再生の湯

梅乃湯はちょうど創業50周年だった。おかみさんの吉岡由美子さんは、「じつは廃業するつもりで、長年の感謝の意味を込めてお願いしたんです」と言う。

ところが、富士山が完成するや取材が相次ぎ、客が増加。や

1 昔ながらの脱衣箱と籠。2 2016年に描き換えられた女湯の能登の見附島と富士山。3 浴槽ふちが十文字を描くのは福岡銭湯ならでは。

梅乃湯

西伊豆あたりからの富士をバックに憩う。

りくりに余裕ができたので、外壁・ボイラー・濾過器・天井・タイルと次々に更新。新しくするごとにさらに客が増えて以前の倍にもなり、いつしか廃業の話はどこかへ消えてしまった。

梅乃湯《うめのゆ》

- 福岡市東区筥松3-6-35
- 092-612-6812
- 16:30〜22:30
- 休 日曜日
- 鹿児島本線「箱崎」徒歩8分

西公園浴場

絵本みたい

1932年創業の西公園浴場は、浴室の幅が狭いため、左右の壁にまで富士山の裾野が延びている。まるで絵本を広げた

細長い浴室に合わせて奥壁から側壁にまで絵が延びている。

1 天女が飛んでいる。
2 ロビーの絵本スペースに集う朝風呂ランナーたち。中央は福岡市浴場組合のマスコット「温まるくん」。左端は三代目の末益るみさん。

常連客がデザインした看板。

西公園浴場《にしこうえんよくじょう》

- 福岡市中央区西公園6-21
- 092-741-8774
- 17:00〜23:00
  朝湯／第3土曜日 9:30〜11:30
- 休 火曜日
- 福岡市営地下鉄空港線「大濠公園」徒歩10分

ようだ。

約30年前にフロント式に改造した同湯は、富士山を機に軟水設備を導入。さらに隣接のコインランドリーを廃止してロビーを広げ、じゅうたんを敷いて絵本コーナーにした。すると、おかみさんの末益るみさんの人当たりの良さも手伝って子ども客が増加。なんと「学校で銭湯が流行ってる」という状況になり、さらに注目を集めている。

荒波の海から眺める富士山。

1 山津國廣さん・富美子さんご夫妻で経営。
2 マジョリカタイルが使われている。
3 どっしりとした番台。

波打ち際から

東湯の先代は戦後ここに移ってきたため、創業は定かではない。「大正ぐらいかな」とおかみさんの山津富美子さんは言う。外観は飾り気のないモルタル塗りだが、広々とした浴室はマジョリカタイルなど創業当時の装いを残している。

富士山を描いてもらうのは富美子さんの希望だ。浜辺から眺める雄大な富士山は常連客

東湯《あずまゆ》

- 福岡市博多区千代1-29-3
- 092-641-1554
- 14:30～22:30
- 休 不定休
- 鹿児島本線「吉塚」徒歩8分

東湯

女湯は一転して穏やかな湖水と富士。

にも好評で、「以前に比べてあたたかみがある」と喜ばれている。

大黒湯

母さんの桜

1933年創業の大黒湯は、昔ながらの町家造りの銭湯だ。

三代目の今井真由美さんは、中島絵師に「桜の花を描いてほしい」と注文した。桜は、亡き先代のおかみさんが好きだった花だ。

中島絵師は「僕は花咲かじいさんだから」と言って中央に満開の桜を描き、左右の男湯・女湯にそれぞれ富士山を配した。

浴室に入ると、富士山とともに満開の桜が目に飛び込んでくる。「そのたびに義母が喜んでくれてる気がします。義妹たち

男湯は富士から流れる渓流。

1 三代目の今井真由美さん。
2 のんびりムードの脱衣所。

も、母さんを感じると言います」

じつは銭湯を続けるかどうか迷っていた真由美さんだが、「富士山が来て心が変わりました」と笑う。

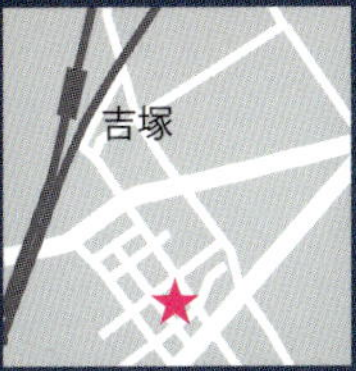

大黒湯《だいこくゆ》

- 福岡市博多区吉塚2-17-22
- 092-611-3215
- 15:00～22:00
- 休 日曜日
- 鹿児島本線「吉塚」徒歩8分

鶴亀湯

地元の絵師も

中島絵師とは別の絵師が富士山を描いた銭湯もある。

鶴亀湯は、1924（大正13）年に創業され、「千年万年続く

雲海に浮かぶ富士に鶴亀の図。

下足場は小さなロビーになっている。

玄関口の暖簾。

コンパクトな浴室の奥壁から左右の壁まで絵が続いている。

ように」と命名された。三代目に当たる服部富士子さんは、福岡在住の絵師・山本勝美さんにペンキ絵を依頼した。山本絵師は映画看板や寺社、テーマパークなどさまざまな施設で背景画を描いてきた実績を持つ。

富士山の上陸に際し、服部さんは「地元絵師」という点にこだわった。中島絵師とはひと味違う富士山には、屋号の鶴と亀が描き込まれている。

鶴亀湯《つるかめゆ》

- 福岡市博多区住吉2-13-9
- 092-291-5195
- 15:00～24:00
- 休 日曜日
- 福岡市営地下鉄七隈線「渡辺通」徒歩11分

のれんをくぐった瞬間、そのまちの人となった。

（第２章）富士見湯（香川県坂出市、本文42頁）

第２章

レトロ銭湯のまちを歩く

岡山

OKAYAMA

岡山のシンボル桃太郎のいわれとなった吉備津彦神社の回廊。

近畿や山陰・四国にも近い岡山は、古代吉備国の昔からさまざまな文化が入り交じる土地だ。銭湯も大阪的な石風呂から地方色豊かな円形浴槽までバラエティに富んでおり、訪れるたびに発見がある。

心がしんとする 鶴湯

石畳の床に、石造りの主湯。その横にタイル張りの小さな浅風呂がくっついている。それが鶴湯のすべてだ。

「戦前から続いてきたのは確か。もともとあった古い銭湯を祖父母の代に買い取ったのです」と、おかみさんの小林和子さんは言う。

湯船の石は万成《まんなり》石と呼ばれ、同湯から3キロほど離れた採石

木製脱衣箱の手書き数字にも味がある。

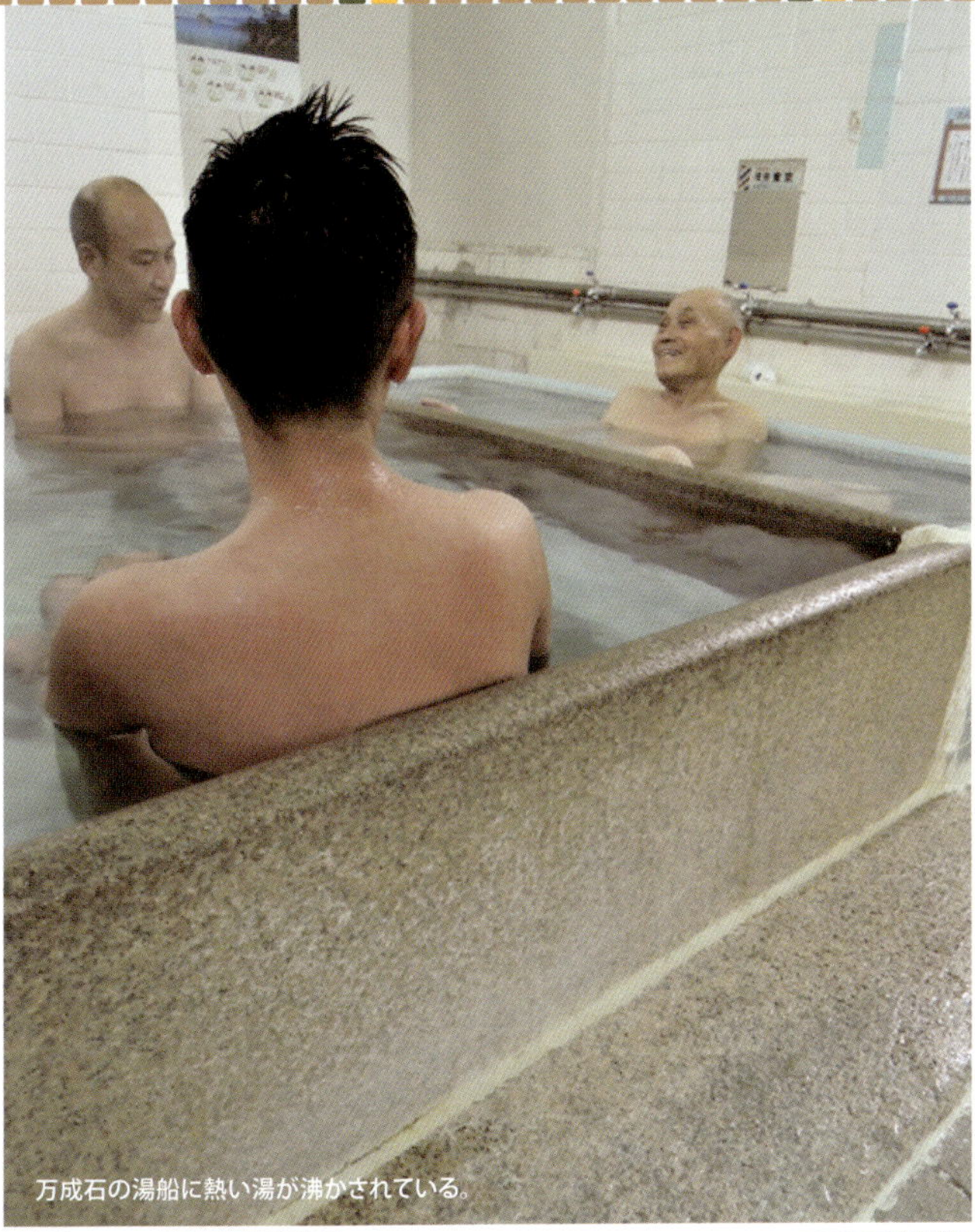

万成石の湯船に熱い湯が沸かされている。

場で産出する高級御影石。浴室に一人でいると、この石が音を吸収するかのような静寂に包まれる。

戦争末期には岡山は激しい空襲を受けたが、この石風呂は生き延びた。三代目は別の仕事に就いたため、妻の和子さんが鶴湯を切り盛りするようになった。

夫が他界した現在は、すべてを和子さんが一人でこなし、長く継がれてきた鶴湯の歴史を細腕一本で守り続けている。

一人で鶴湯を守る小林和子さん。

スッキリとした小さな脱衣場。オレンジ色の椅子の足が靴下を履いている。

鶴湯《つるゆ》

- 岡山市北区奉還町4-15-26
- 086-253-3677
- 17:00〜20:00
- 休 土曜日
- 山陽本線「岡山」徒歩14分

この道ひとすじ

東湯

駅のすぐ裏手で独特の風貌を見せる東湯。まるで田舎の実家に帰ってきたような、脱衣場の開放的な風情が心地よい。

1960年に建てられた同湯は、その後、初代店主の娘・東森禮子さんが引き継ぎ、以来33年間たった一人で守ってきた。浴槽タイルなどは張り替えたが、「父が建てたときの姿をできるだけ壊したくない」との思いから、懐かしい銭湯風情がそのまま残されている。

現在の燃料は重油だが、かつて薪沸かしの頃は禮子さん自身がトラックを運転して廃材やオガクズを集めにまわり、途中でフラフラになって病院で点滴を受ける

備前三門駅の裏で、行き交う人々を見守る「東」のマーク。

1

2

3

こともしばしばだったという。

それでも、「えがったよ」と言って帰る客の姿が嬉しくて、今日も「この道ひとすじ」に湯を沸かす。

脱衣場の懐かしい風情。

4

5

1 男湯にある少し不思議なタイル絵。2 脱衣場にある珍しい立体タイル。3 脱衣箱には男女それぞれに向けた広告がはめ込まれている。4 創業50年の時、この湯を守る心意気をおかみさん自らが記した。5 女湯の下駄箱横で梅沢富美男がお出迎え。

岩を配した楕円の湯船。

東湯《あずまゆ》

- 岡山市北区下伊福上町13-26
- 15：00～21：00
- 休 5と0のつく日
- 吉備線「備前三門」徒歩2分

夢の先取り

福島温泉

小さなマッチ箱から生まれたドラマがここにある。

1963年に福島温泉を買い取った先代が、その5年後に建て替えた時のこと。当時はまだ瀬戸大橋が架かる20年も前だったが、建設推進の広報として配布されたマッチ箱に、大橋の完成イメージ図が描かれていた。先代はそれをもとに、浴室奥壁全面に広がる大モザイクタイル画を発注。かくして実際の瀬戸大橋とは異なる、真っ赤な夢の架け橋風景が誕生した。

それから約50年。現店主の石岡由久さん・真代さん夫妻の管理のもと、夢の大橋は常連客らが憩う

男湯から女湯へと突き抜ける、想像上の「瀬戸大橋」。

岡山
OKAYAMA

円形浴槽の上で、今日もピカピカに輝いている。

中に入ると、外観からは想像もできなかった特別な世界が広がるのもまた銭湯の妙味だ。

円形浴槽でノビノビ。

湯船の仕切りがなぜか屈折。

1

2

3

1 脱衣場もびっしりと細かなタイル張り。2 女湯にはモザイクカモメも飛んでいる。3 美しく飾られた生け花。4 児島湾に近い平坦な住宅地にある。5 モザイクアートの元になったマッチ箱の絵。

福島温泉《ふくしまおんせん》

- 岡山市南区若葉町5-2
- 086-262-0243
- 16:00 ～ 22:00
- 休 1・11・26日・第3日曜日
- 岡電バス「若葉町」徒歩3分

5

4

中国地方を代表する観光名所・倉敷美観地区。

倉敷駅に近い「美観地区」と、かつてその繁栄をもたらした北前船の寄港地・下津井港とを結ぶ線上に、古い銭湯が点々と残っている。石と木の色調に、ディープな瀬戸内文化を感じさせられる。

観光ゾーンの超穴場 戎湯

倉敷の観光名所、美観地区周辺で最後に残る銭湯だ。創業年ははっきりしないが、倉敷の古い銭湯に特徴的な石造りの浴室が歴史を物語る。「常連の90代のおばあさんが小さな頃から入っているとおっしゃいますから、１００年くらいになるんでしょうねぇ」とおかみさんの宮川ツキエさんは言う。

京都にある友禅染の店に嫁入り

1

1 高層マンションの影でひっそり。2 わずかな隙間に見たことのないタイル。3 脱衣箱のふた内側には広告が貼られている。4 京都出身のおかみさん。5 木製脱衣箱の迫力。

したツキエさんだが、戎湯に嫁いだ姉が体調を崩し、「あんたちょっと見といて」と言われて番台を任されるようになった。

「そのまま20年ですよ。家族は今も京都にいます」

倉敷と京都を毎月のように往復するツキエさんは話題が豊富で、脱衣場では常連客との賑やかな会話が弾む。場所柄、観光客もやって来る。

石敷きの浴室に段のついた石造りの風呂。大阪銭湯の原型を感じさせる。

戎湯《えびすゆ》

- 岡山県倉敷市鶴形2-1-5
- 086-422-5177
- 16:00～21:30
- 休 土曜日
- 山陽本線「倉敷」徒歩7分

垣根に囲まれ、正面に来ないとわからない。

夕暮れ時の時間旅行

昭和湯

倉敷のまちと下津井の港を結ぶルートの途中の川沿いに、1軒の古めかしい銭湯が残っている。

大きな番台に座るご高齢のおかみさんに迎えられ、脱衣場の森閑とした空間に入るや、強烈なタイムスリップ感覚に見舞われる。創業年は定かではないが、壁に掲げられた扁額の「殖産立国」（男湯）「賢実育児」（女湯）の文字からも、戦前から変わらぬ姿で営業を続けて来たことがわかる。

浴室は床全体が傾斜して排水する古い造り。カランは妙に高い位置にある。床の石畳の隙間はセメント、湯船のまたぎも砂利を固めた簡素なもので、ローカル

銭湯の渋い味わいが充満している。

交通不便な場所にこんな銭湯が残っているなんて。銭湯旅で出会う奇跡のひとときだ。

1 石畳の浴室に簡易な造りの湯船が一つ。2 女湯にはコアラの湯吐き口がある。3 昭和湯のすぐ横にはかつての下津井電鉄の線路跡が残る。4 番台を長年守り続ける山本一恵さん。5 女湯脱衣場の一角にある化粧室。ミレーが似合う。6 戦前のオーラ漂う脱衣所。浴室手前の左側は中庭になっている。

昭和湯《しょうわゆ》

- 岡山県倉敷市児島味野上2-8-31
- 16：30〜20：00
- 休 日曜日
- 下電バス「小川七丁目」徒歩2分

瀬戸大橋の2時間風呂

大黒湯

倉敷
KURASHIKI

瀬戸内海に突出した下津井地区は、かつて北前船の寄港地として栄え、豊富な海の幸とともに倉敷の豪商を支えてきた。現在は、東端の鷲羽山から瀬戸大橋が海へと飛び立つ景勝の地だ。

大橋の橋脚の付け根に、田之浦という小さな漁港がある。その波止場の真ん前で、大黒湯は週4日、1日2時間だけ湯を沸かす。

戦後同湯が開業するまで田之浦に銭湯はなく、住民は隣の吹上浦まで入りに行った。しかしその隣湯も廃業し、今や下津井地区の銭湯は、おかみさんとその姪が女手だけで維持する大黒湯のみだ。

近年は漁獲量が減って漁師の多くが陸へ上がったが、同湯はタ

重厚な脱衣箱。

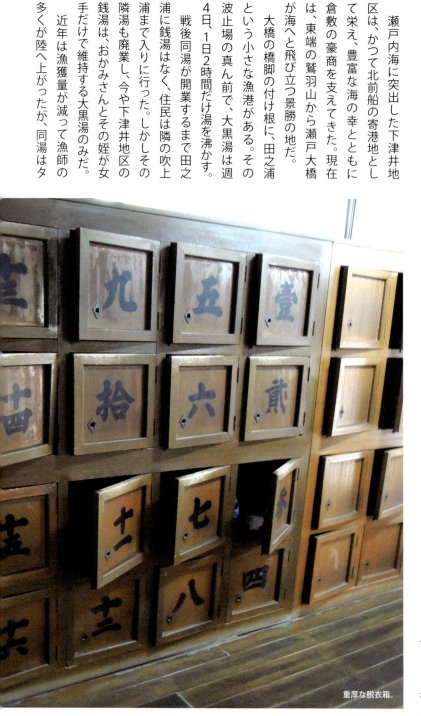

イルも張り替えて美しく維持されている。湯上がりに浴びる海風の心地よさは何物にも代え難い。

1 瀬戸大橋のたもとの田之浦漁港。わかりにくいが写真左端に大黒湯の煙突が見える。2 よく磨かれた切り石の床。3 風情たっぷりの番台夕景。

浴室から表まで素通しの心地よさ。

漁港の向かいで2時間だけ暖簾がかかる。

大黒湯《だいこくゆ》

- 岡山県倉敷市下津井田之浦1-6-21
- 086-479-8041（営業時間内）
- 17：30～19：30
- 休 水・金・日曜日
- 下電バス「田之浦港前」徒歩1分

坂出

SAKAIDE

坂出のシンボル、飯野山（讃岐富士）。

かつて製塩業で栄えた坂出には20軒以上の銭湯があったが、いま残っているのは2軒のみ。その2軒ともが大正時代からの歴史を有し、奇しくも山下喜三太という人物が創業にかかわっている。

アーチをくぐれば 柳湯

大正期に坂出で数軒の銭湯を開いた山下喜三太という人物がいる。長男は早く亡くなり、次男が柳湯を、三男が富士見湯を継いだ。現在それぞれの店主は三代目、いとこ同士にあたる。柳湯の暖簾を守るのは山下広一郎さん・清子さん夫妻だ。

柳湯には1919（大正8）年の営業許可証が残っているが、じつは

庭の風情が嬉しい脱衣場。

1 玄関のスクラッチタイル。2 入口のガラス模様。3 美しい番台と、山下清子さん。4 かつて上がり湯鉢に使われていた石材は庭のステップに転用。

清潔感のあるタイルがびっしり。

柳湯は喜三太氏ではなく「高木さん」という人が建てた。当時、喜三太氏は同じ並びでラーメン屋と精米所をやっていたが、どういういきさつか両家はそれぞれの店を交換したのだという。

柳湯の大きな魅力は、金魚池のある庭に面したさわやかな脱衣場だろう。ここで湯上がりに風に吹かれながら牛乳を飲み、ボンヤリと過ごしていると、帰途につくのが嫌になってくる。

柳湯《やなぎゆ》

- 香川県坂出市京町1-5-15
- 0877-46-0654
- 14:30～21:30
- 休 日曜日
- 予讃線「坂出」徒歩4分

玄関アーチの丸いランプがかわいい。

4

3

渋い外観にドキッとさせられる。

讃岐富士を見つめて99年

富士見湯

創業者・山下喜三太氏がかかわった銭湯のうち、いちばん古いのが1918（大正7）年から続く富士見湯だ。手前の幹線道路からは、その名の通り讃岐富士が一望できる（40頁の写真）。

当時この周辺は水田と竹藪で、同湯のほかは木材店と布団店がポツポツとあるだけ。店の前の道もお金を出し合って作ったという。喜三太さんは同湯前の700坪の

1

水田を買い取り、宅地開発まで手がけるやり手だったようだ。

　現在のがっしりとした富士見湯の建物は、昭和30年代に二代目が建て替えたものだそうだが、ガラスのはめこまれた脱衣箱や随所の細かなタイルをはじめ、レトロな風情が色濃く残されている。

　いまは三代目の山下香さん・フサ子さん夫妻が受け継いでいる。

2

3

4

富士見湯《ふじみゆ》

- 香川県坂出市富士見町1-1-16
- 0877-46-1384
- 14:00〜19:00
- 休 木・日曜日
- 予讃線「坂出」徒歩9分

5

6

1 玄関床のタイル。2 湯船まわりの低い段は兵庫県西部にも見られる。3 丁寧な造りの木製脱衣箱。4 外便所への緑の通路。5 味わい深い番台と山下フサ子さん。6 薬湯は相当熱い。

尾道

ONOMICHI

千光寺山から眺める尾道水道。

戦災に遭わなかった尾道では、傾斜地の曲がりくねった路地に家々が折り重なる風景が現役だ。古い銭湯も多かったが近年廃業が相次いだ。本土と因島に残る貴重ないにしえ銭湯を紹介しよう。

スキマの奥に 大宮湯

ここへ行けば、尾道のもうひとつの顔に出会うことができる。

市街地の東端、浄土寺の山に突き当たるあたり。大宮湯の看板に近づくと、人がすれ違うのも困難な狭い通路が現れる。その突き当たりに見える暖簾までの空間は、時間逆行のトンネルのようだ。

内部は見事なまでに戦前の気配を色濃く残している。路地の奥

さあ大宮湯ワールドへ。

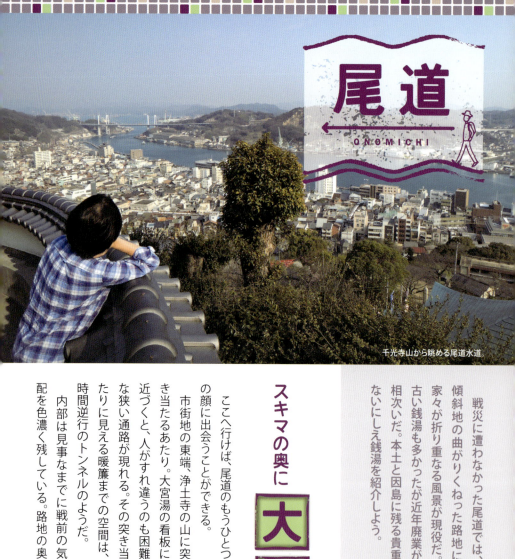

に隠れながら、ひっそりと生き残ってきた文化遺産的銭湯だ。

　店主の丸山喬美さんによると、大宮湯は１９２７年に建てられた。脱衣場の幅広い床板などは他の銭湯で類を見ない。

　丸山さん自身は銭湯の隆盛期に広島市や三原市の銭湯を切り回した後に請われてここへ来た。包丁一本ではないが、いわば叩き上げの銭湯人といえるだろう。

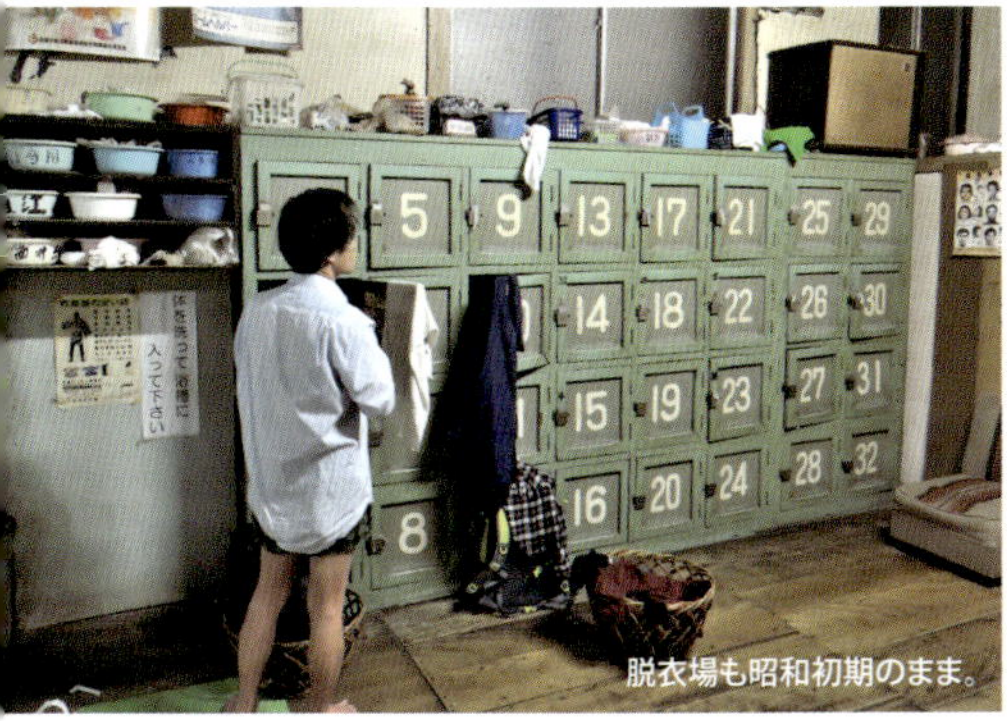
脱衣場も昭和初期のまま。

ほぼ手を入れられずに残った浴室。

大宮湯《おおみやゆ》

- 広島県尾道市東久保町6-11
- 0848-37-5809
- 15:00〜21:00
- 休 水曜日
- おのみちバス「防地口」徒歩3分

玄関の激渋空間。

尾道
ONOMICHI

しまなみ海道のディープなオアシス

寿湯

アーチの奥に暖簾が見える。

因島《いんのしま》は造船が衰退して尾道市と合併。6軒あった銭湯も今や土生《はぶ》港の寿湯だけとなった。

1938年に寿湯を建てた創業者は、日立造船の設計士だったという。他の銭湯に比べて湯船のへりが分厚いなど独自の造りは、その名残りだろう。

その14年後、創業者の息子のもとへ、隣の向島から船に乗って19歳の「瀬戸の花嫁」がやってきた。以来60年以上湯を沸かし続ける現店主、半田民江さんだ。

若い頃はトラックを運転して日立の工場へ廃材をもらいに行き、大きな板木を一人で荷台に担ぎ上げた。船上からクレーンで木を下ろしてもらうこともあったという。

それも今は昔。しまなみ海道開通後は自転車の若者らが団体で来たりもする、島の貴重な銭湯だ。

3

1

5

4

2

土生港からもすぐ。正面は生名島（愛媛県）の立石山。

6

寿湯《ことぶきゆ》

- 広島県尾道市因島土生町1942-1
- 0845-22-2966
- 15:00～21:00
- 休 日曜日
- おのみちバス「土生港前」徒歩3分

1 60年以上ここを守る半田民江さん。2 浴室のタイル絵。3 脱衣箱のふた内側には薬の宣伝が貼られている。4 外には燃料の薪が積み上げられている。5 浴室の凸凹タイル。6 外付けの配管に巻かれた断熱材が迫力。

広島

HIROSHIMA

平和の祈りの地・原爆ドーム。

原爆で多くのものが失われた広島だが、復興期のオーソドックスな銭湯や、郊外で被爆を免れた銭湯が今も営業を続けている。内側3段式の湯船が浴室中央にデンとあるのがザ・広島銭湯だ。

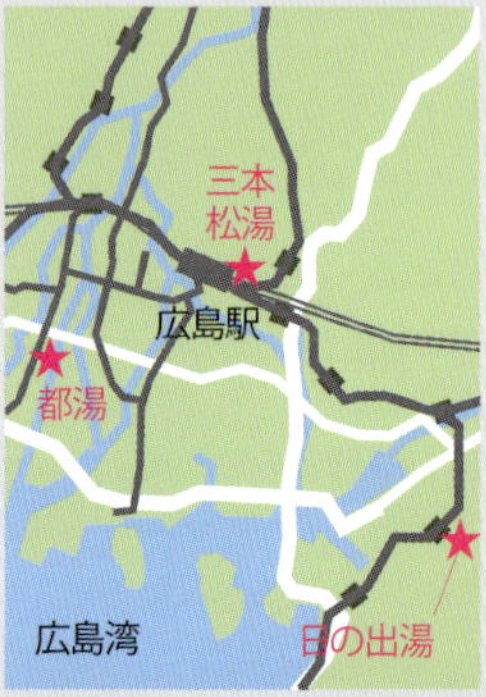

“何もないけどすべてがある”

都湯

原爆の爆心地からそう遠くない舟入幸町が徐々に復興し、都湯が建ったのは1958年頃だった。

同湯の現店主・沖本範文さんの父親が同湯を買い取ったのはその10年ほど後のこと。パステル調のタイルやガラスブロックがかわいい浴室はその時の改装だ。「近所の銭湯の客を奪ってはいけないから」サウナはつけなかった。

1

二代目として引き継いだ範文さんも、そのままのスタイルを守っている。浴室中央に湯船一つ、それだけで意外なほど賑わっている。ある常連客は「都湯には何もない、でも銭湯のすべてがある」と語る。古くともピカピカに磨き上げられ、シャワーもジェットも完璧に整えられた同湯に入れば、その言葉にも深く納得できる。

2

1 カラン下の楽しいタイル。2 完全無欠の内側3段式。3 脱衣場のガラス絵。4 外観正面の茶色いタイルも広島流。5 かっこいい煙突。

4

3

5

男女仕切りの上段にはカラフルな色ガラスブロック。

都湯《みやこゆ》

- 広島市中区舟入幸町24-15
- 082-231-7307
- 15:00～22:00
- 休 木曜日
- 広島電鉄「舟入幸町」徒歩3分

広島
HIROSHIMA

モザイクタイルの玉手箱

三本松湯

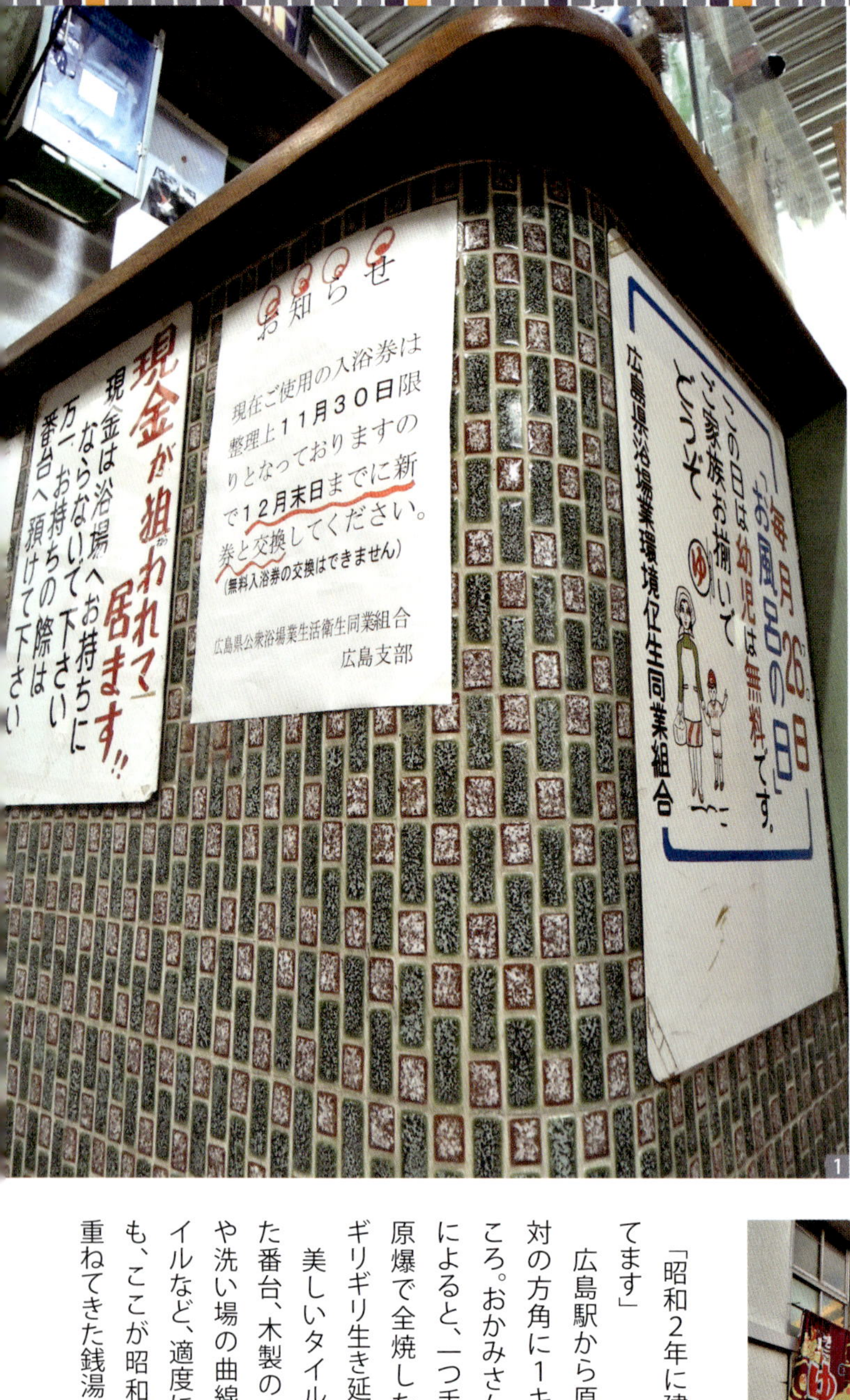

1

「昭和2年に建てられたと聞いてます」

広島駅から原爆ドームとは反対の方角に1キロほど歩いたところ。おかみさんの高土慶子さんによると、一つ手前の信号までは原爆で全焼したが、三本松湯はギリギリ生き延びた。

美しいタイルが張り巡らされた番台、木製の赤い脱衣箱、湯船や洗い場の曲線を覆う細かなタイルなど、適度に改装されながらも、ここが昭和初期から歴史を重ねてきた銭湯であることを感じ

2

1 番台をびっしりと埋め尽くすタイルが圧巻。2 男女の入口は建物の左右に大きく離れている。3 満々と湛えられた湯が湯船のカーブを越えてゆく贅沢感。4 男女仕切り壁のガラスブロック。5 カラン下の台や排水溝にも細かなタイルがびっしり。6 渋い木製脱衣箱。

させる逸品ぞろいだ。

道路拡幅のために玄関部分を削られて現在のような平面的な外観になったが、広島では貴重な文化遺産と言えるだろう。

旅行者にとっては、広島駅から徒歩圏内であることも嬉しい。

浴室入口の古風な丸タイル

三本松湯《さんぼんまつゆ》

- 広島市東区尾長西1-5-7
- 082-261-0464
- 16:00～22:00
- 休 土曜日
- 山陽本線「広島」徒歩14分

スイングドアの向こうには

日の出湯

極楽橋から狭い路地を進むと、二股の分岐点にモダンな洋館風の白い建物が現れる。「ゆ」と書かれた球形の照明や、斜め取っ手のスイングドア。古いながらもどこか気品を感じさせられる。

創業年は不明だが、戦前の建物

浴室湯気抜きのふしぎな造形。

深風呂の半分が内側3段式になっている。

1 がっしりした脱衣箱の鍵。2 古いタイルの浴槽カーブ。3 三叉路に立つ洋館風の美しい外観。

であることは間違いないだろう。脱衣場の色ガラス、湯船ふちを埋める楕円形タイルなど、時間の止まった空間にクラクラする。

　番台を守る秋田敏子さんによると、秋田さん夫妻が日の出湯を買い取ったのは１９６６年。それまでは貨物船で鉄板やコイルなどを呉から大阪方面へ運んでいた。だが子どもの小学校入学を機に船を売り、同湯を買ったそうだ。

　古い銭湯だが、意外に若い客も多い。この日も若い親子連れがちょうど風呂上がりだった。

4 古いけど上品な玄関まわり。5 木製扉、色ガラス、豆タイルなどマニアも唸る脱衣場。

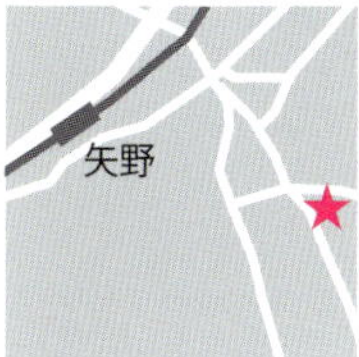

日の出湯《ひのでゆ》

- 広島市安芸区矢野西5-19-28
- ☎ 082-888-0180
- 16:30（4～9月は17:00～）～21:00
- 休 第2・4日曜日
- 呉線「矢野」徒歩6分

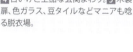

下関

SHIMONOSEKI

関門海峡を見下ろす赤間神宮。

本州西端の下関は、関門海峡を挟んだ九州だけでなく、韓国・釜山へもフェリーが発着する境界のまち。さまざまな人が往来するこの地で、個性的な銭湯たちが息長く湯を沸かし続けている。

海峡の100年銭湯

えびす湯

山すそに沿って曲がる旧道にある。

山裾に沿ってU字カーブを描く狭い通りに、2016年に創業100周年を迎えたミニサイズの銭湯がある。

浴室はうなぎの寝床のように細長く、しかも街区のU字カーブの影響で奥へ行くほど狭くなる。まるで〝リアル遠近法〟だ。カランは手前のほうに少しだけ。

空襲で焼け出された先代が、同

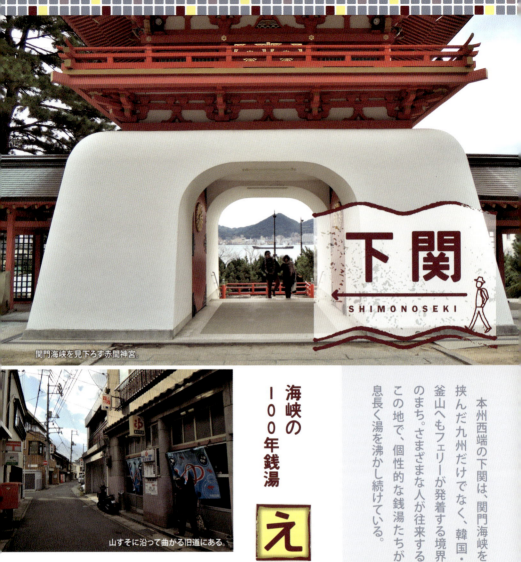

浴室を飾る古いタイル。

1

2

3

4

湯を借り受けたのが終戦の年。現在番台に座る二代目の亀田嘉子さんは当時22歳だった。

それから丸70年。戦前の脱衣箱やタイルもそのままに、当時と変わらぬ熱い湯を沸かし続けている。

5

1 奥壁がとても遠くに感じられる。2 古い脱衣箱と鍵が大事に使われている。3 古い看板も現役だ。4 ちょっとした注意書きにも味がある。5 浴室奥壁のタイル絵。6 れんが造りの煙突。

6

えびす湯

- 山口県下関市今浦町5-6
- 083-222-7118
- 15:00～21:00
- 休 土曜日
- 山陽本線「下関」徒歩6分

1

2

3

湯船の白いへりの幅広さ、木製の吊り戸、塩ビパイプを使った手作りの桶棚など見どころが多い。

坂の上の愛情風呂

竹乃湯

唐戸の港から北へゆるやかに続く丘陵地に、古い銭湯がポツンと建っている。玄関周りの個性的な意匠が印象的だ。

中に入ると、年季の入った番台から河村良子さんのとろけそうな笑顔が降ってくる。その人柄をある銭湯ファンは「西日本で三本指に入る銭湯おかみ」と絶賛する。

現店主・敏和さんの父親は、戦前は膏薬医術の医者だったが、ペニシリンの普及で膏薬医療は廃れてしまう。そこへ朝鮮から引き上げてきた敏和さんの姉夫婦が「風呂屋をしよう」と声をかけ、1951年築の同湯を買い取った。

くずし字の手書き屋号、うねうねと波うつ庇など外観も個性的。

以来、「古き良き」を絵に描いたようなくつろぎ空間を、アイデアと手作りの工夫で丁寧に維持し続けている。

5

4

竹乃湯《たけのゆ》

- 山口県下関市上田中町8-12-4
- 083-222-8598
- 15:00〜22:00
- 休 日曜日
- サンデンバス「新開町」徒歩4分

1 ファンが多いおかみさんの河村良子さん。2 明るい浴室のくつろぎ。3 漢数字の脱衣場に漂う古い木の風合い。4 一つずつしかない冷蔵庫・冷凍庫を男女両側から使えるよう、仕切り壁をくりぬいてある。5 濃厚な薬湯。

遊郭跡の名場面

千歳湯

その屈曲した路地に足を踏み入れた瞬間、「ここは何か違う」と感じる。下関漁港の北、新地町はかつての遊郭跡だ。なかでも千歳湯の路地は、男湯浴室のガラス窓が独特の表情を演出しており、何本かの映画のロケや写真集の撮影などが行われてきた。

同湯は１９２７年に建てられた。現在のおかみさん、三吉豊子さんが嫁いで来た１９７０年代には、まだ数軒の廓があったという。だが今や千歳湯向かいのレトロなお好み焼き屋も米穀店も閉めてしまい、路地で営業中の店は千歳湯と理髪店だけになった。

浴室内は昭和初期の郷愁オーラ

1970年代まではまだ遊郭があった通り。

が濃厚に立ちこめる。湯船から湯気越しにガラス窓をぼんやり眺めていると、今ここで風呂に入れることの喜びがこみ上げてくる。

味のある注意書き。

女湯は暖簾をくぐってから長い通路を通ってゆく。

地元の
コーヒー牛乳

全面ガラス張りの明るい男湯。

丸タイルを湯船のへりに使うのは珍しい。

水色タイルの謎のふくらみの横に取り付けられたシャワー。

千歳湯《ちとせゆ》

- 山口県下関市上新地町4-4-7
- 083-223-2930
- 15:00～22:00
- 休 日曜日
- 山陽本線「下関」徒歩11分

北九州

KITAKYUSYU

小倉・旦過市場の賑わい。

日本の近代化を牽引した重厚長大産業のメッカ、北九州。膨大な労働者を抱えたこの複合都市にはかつて星の数ほど銭湯があった。激減した今も、九州の都市では最多の一般銭湯が残っている。

筑豊国境の丸い風呂

東湯

北九州市の前身5市のうち、かつて小倉と門司は豊前国、八幡・戸畑・若松は筑前国に属していた。江戸期の大動脈・長崎街道がその筑豊国境を越えていく丘陵地帯に東湯は立地している。

三代目のおかみさん、森下澄江さんによると、同湯は1935年頃に建ったらしい。脱衣箱やタイル等は換えられているが、脱衣場か

右側の棟の屋根と一部重なっている。

ら2段下がる浴室配置や完全円形の主湯などの構造は建築当時のまま。下駄箱は近くの小学校の改築時にもらったものだ。

　高知出身の澄江さんは、就職先の京都で現店主と知り合い、夫の家業を継ぐべく30歳のとき九州へ。以来、土地と仕事に少しずつ慣れながら番台を守ってきた。人の移動の多い北九州らしい、ドラマチックな銭湯ストーリーだ。

1 美しい円形浴槽。2 カラン下の桶置き台に刻まれた滑り止めの溝。3 番台を守る森下澄江さん。4 足裏に心地よい床板。

東湯《あずまゆ》

- 北九州市八幡東区松尾町1-25
- 093-651-6766
- 16:00〜21:00
- 休 日曜日
- 西鉄バス「槻田校前」すぐ

白壁城の郷愁空間

月乃湯

小倉では「北九州の台所」とも呼ばれる旦過市場が有名だが、そこから南へ1キロちょっとの黄金市場も、かつては小倉の中心的な市場として大いに賑わったらしい。

その少し南の交差点角に月乃湯がある。威風堂々とそびえ立つ城のような外観や、エントランスのディープな雰囲気が迫力満点だが、それとともに側面に美容院・畳店・青果店が3店舗付随している構造もユニークだ。

同湯は1952年築。浴室は勢いのいいジェットや入ると溢れる水風呂もあってくつろげる。脱衣場は郷愁ムードいっぱい、湯上がりは超強力な扇風機が楽しい。

脱衣場中央に鎮座する漢数字の木製脱衣箱。

北九州
KITAKYUSYU

小倉北区の銭湯は現在３軒だが、二代目の現店主・岡崎等さんによると昔は95軒もあったそうで、隔世の感がある。

郷愁感漂う玄関まわり。扇風機はすごい勢いで回る。

迫力の看板建築。

月乃湯《つきのゆ》

- 北九州市小倉北区白銀2-4-5
- 093-475-1097
- 16:00〜22:00
- 休 日曜日
- 北九州モノレール「香春口三萩野」徒歩8分

1 看板、タイル円柱、入り込んだ入口などが味わい深い。2 細かなタイルびっしりのジェット浴槽。3 主湯の熱い湯にじっくり浸かる。

青い色調がクールな浴室。

麗しの青いアーチ

大黒湯

北九州に大黒湯は2軒ある。小倉にある大黒湯も味わい深いが、こちらは八幡東区の大黒湯。

創業年は明らかではない。巨大製鉄所を有する八幡の町は第二次世界大戦の空襲で徹底的に破壊されたが、同湯は戦災を免れたようで、現在の経営者は戦後ここを買い取ったという。

主湯が浴室中央にポンとあるシンプルな造りながら、二つ並んだアーチ窓や、要所要所に塗られた鮮やかな青色が、タイルの淡い色合いをキュッと引き締める。完成された色彩センスに〝八幡の風呂屋〟的な無骨イメージはない。

さらに同湯最大の特徴は、隅々

1 アリスのウサギ穴みたいな釜場への木戸。2 迫力ある男女境のガラスブロックと湯気抜き。3 落ち着いた脱衣場。

小さな玄関には暖簾も出ず、そっけない。

どこをとっても美しい。

まで余すところなく磨き抜かれた風呂場全体の美しさ、清潔感だろう。風呂に対する店主の愛情を感じさせられる。

大黒湯《だいこくゆ》

- 北九州市八幡東区春の町5-10-8
- 093-681-3863
- 15:40〜21:00
- 休 火曜日
- 鹿児島本線「八幡」徒歩12分

ライオンの水吐き。

名物おかみのなごみ風呂

鶴の湯

かつて石炭の積み出し港として空前の繁栄を見せた若松も、今は忘れられたような静けさが漂う街だ。連歌町という歓楽街があったエリアの先に鶴の湯がポツンと残る。

明治期に「山本さん」が「山の湯」として開業し、それを継いだ「鶴川さん」が「鶴の湯」と屋号を変え、その後も次々と経営者を変えながら100年以上続いてきた。

現店主の西林ヒサ子さんは天草出身。「長谷川さん」のときに住み込みで来て、「田中さん」のときに結婚し、1984年、ついに同湯を買い取った。今は長男が釜焚きを担うが、それ以前は一人で切り回してきた。

日舞を習うヒサ子さんは「今度市民会館でどじょうすくいを一人で踊るたい」と豪快に笑う。年1回、番台を高座に落語会も開催。

くつろげる女湯脱衣場。

湯船は入浴剤入り。男女境はすべてガラスブロックでできている。

夜の風情。

脱衣場に飾られている、子どもたちの体験入浴の写真。

ステップが取り付けられた番台と、明るいキャラクターで人気の西林ヒサ子さん。

玄関正面に燃料の薪が積まれている。

鶴の湯《つるのゆ》

- 北九州市若松区白山2-8-4
- 093-771-2301
- 15：00～21：30
- 休 水・日曜日
- 筑豊本線「若松」徒歩10分

いろは…が書かれた下駄箱。

長崎

NAGASAKI

長崎の旅は眼鏡橋からスタート。

かつて１５０軒もあった長崎市の銭湯もいまや７軒。港と坂道に挟まれた路地裏で、暖簾も出さずにひっそりと沸かされる庶民の湯。それを見つけ出して浸かれば、長崎旅情は何倍も深まる。

シーボルト通り裏の隠れ湯

白菊湯

シーボルト通り界隈には、戦前からの市場や狭い路地がそのまま残っている。諏訪神社から金毘羅山へと続く山の稜線が、原爆の爆風から守ってくれたからだ。

裏路地で地下水を沸かす白菊湯もその一つ。いつの建物か判然としないが、現店主・飯田彰さんの亡き母親が前経営者から買い取ったのは１９５３年だった。

1

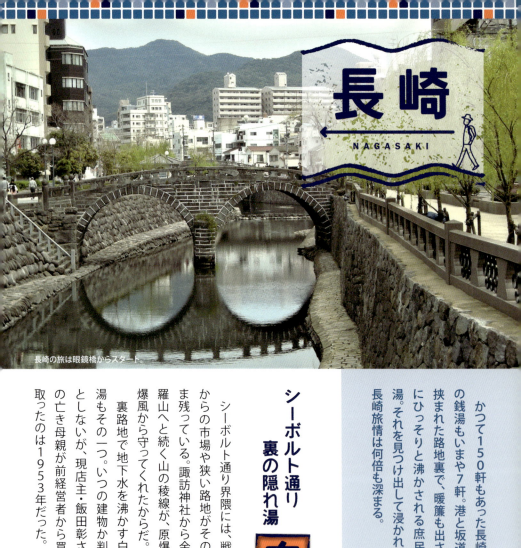

「母の口癖は『お父さんの給料の3倍は稼ぐばい』でした。そのとき父は公務員でしたけど、銭湯の全盛期は確かにそうでしたね」

それぞれの湯舟には湯と水の大きなカランがついていて、客が好きに調節するスタイル。「お客さんの好みは十人十色で、それぞれ勝手にやっておられます（笑）」

営業時間の短い秘湯。観光以外の長崎にひたることができる。

1 狭い路地、短い営業時間、看板も暖簾もなし…まさに秘湯。2 玄関前を照らす電球。3 女湯の湯船は「Q」の形。

円形の主湯も扇形の副浴槽もどこか他の銭湯とは違っている。

白菊湯《しらぎくゆ》

- 長崎市片淵1-2-11
- 095-823-4606
- 14：10〜18：30
- 休 5と0のつく日（ただし25日営業、26日休み）
- 長崎電気軌道「諏訪神社前」徒歩2分

脱衣場の男女仕切り壁や鏡の造形もレア。

孔子廟の隣の 100年銭湯

日栄湯

グラバー邸や大浦天主堂の少し手前、孔子廟の隣にある日栄湯は、長崎市の観光マップに「100年銭湯」として紹介されている。

「はっきりとはわからないんですけど、明治からか大正からか、100年くらい続いているのは確かですね」と三代目の赤星星子さんは言う。

エキゾチックな街にありながら、浴室には有線でコテコテの演歌が流れているのもおもしろい。

夕方のある時間になると、向かいの孔子廟に反射した夕陽が差し込み、脱衣場が不思議なピンク色に染まるのは感動的だ。

大浦天主堂やグラバー園にも近い観光至便の場所。

原爆では2階のガラスが割れたが、1階の浴場部分は無事だった。日本史に特別な1ページを刻んだ長崎で、長く愛されてきた日栄湯。そこで過ごす時間もまた格別だ。

日栄湯《にちえいゆ》

- 長崎市大浦町9-7
- 095-822-8342
- 15:00〜21:00
- 休 月曜日
- 長崎電気軌道「石橋」徒歩3分

1 クラシックな脱衣場。2 風が吹き込む玄関スペース。3 明るく、心地よい浴室。4 向かいは孔子廟。

人吉

HITOYOSHI

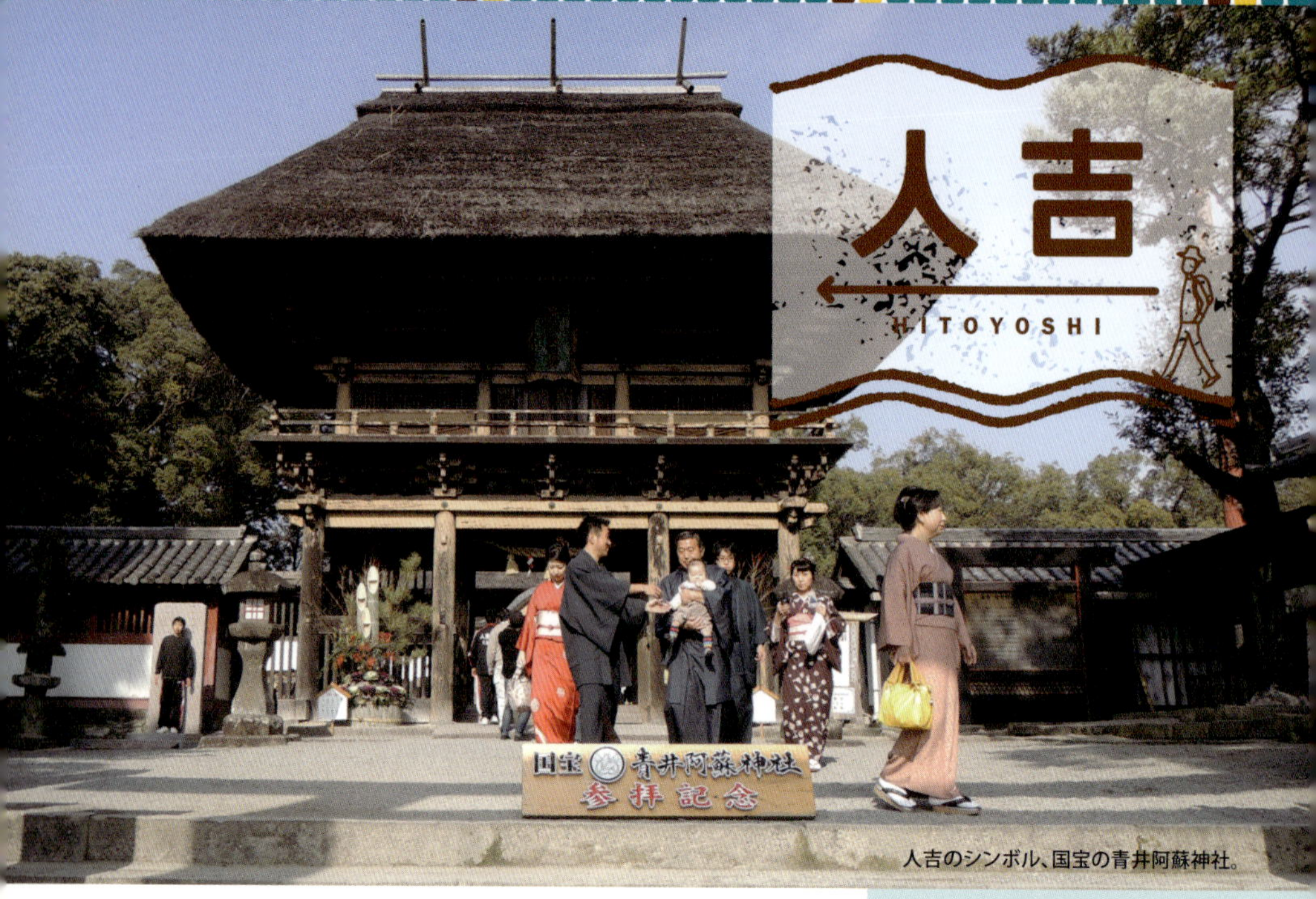

人吉のシンボル、国宝の青井阿蘇神社。

人吉は球磨川中流域にぽっかりと開いた小宇宙だ。市街地に点在する公衆浴場は大正～昭和初期の創業時の姿を色濃く残している。すべて〝源泉掛け流し〟の温泉で、200～300円の低料金だ。

焼酎蔵の古湯

堤温泉

1

市街地から球磨川を渡ると、球磨地方の伝統的な米焼酎の蔵元、繊月《せんげつ》酒造がある。その隣の古めかしい建物が堤温泉だ。

ここは繊月酒造の創業者が1921（大正10）年に開湯した人吉最古の公衆温泉浴場で、今も同酒造が経営する。「地元への恩返しとして当初から採算度外視です」（田中泰昭常務取締役）とのことだが、

2

それが100年近くにも及んでいるのはあまり例がないだろう。
内部はほぼ創業当時のまま、古色蒼然たる風情だ。創業時は上総掘りだったが、周辺の温泉掘削が増えるにつれて湯量が減少し、2004年に深くボーリングして持ち直した。

かすかに飴色を帯びた湯は熱めだが、肌にやわらかい。

もみじのタイルが目に飛び込んでくる。

3

4

堤温泉《つつみおんせん》

- 熊本県人吉市土手町40
- 0966-22-3207（織月酒造）
- 5:00〜8:00／10:00〜23:00
- 休 無休
- 肥薩線「人吉」徒歩14分

1 朝風呂の贅沢。2 大正築の風格ある建物。3 番台は無人化されている。4 玄関口には「堤温泉 公衆浴場」の文字。

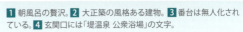

湯船は二つ。近年の湧出量減少により左側の深い湯船にのみ掛け流されている。

生き続ける上総掘り 新温泉

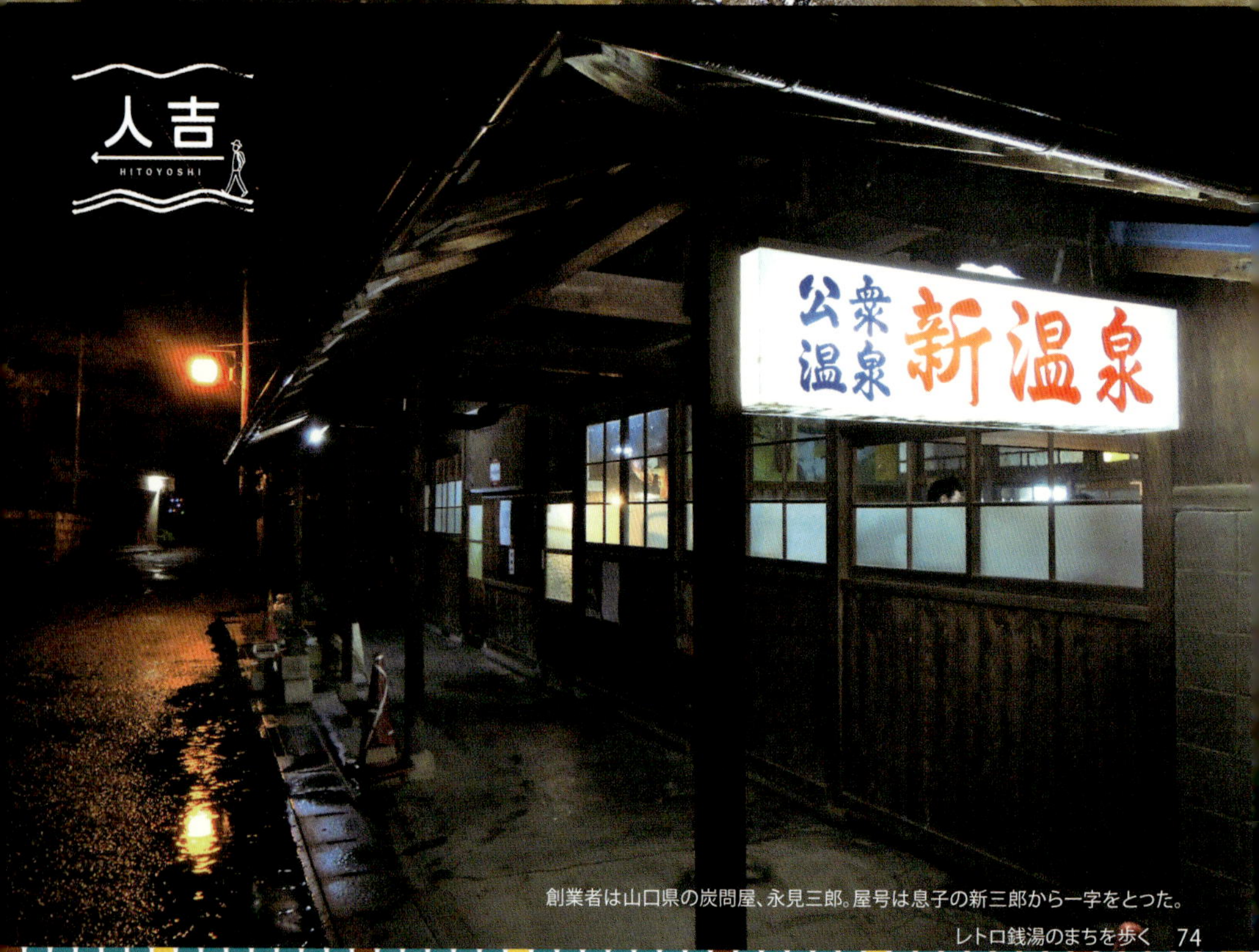

創業者は山口県の炭問屋、永見三郎。屋号は息子の新三郎から一字をとった。

土手下の路地を下ると見えてくる、新温泉の複雑な青屋根。ここでいつもしばし見惚れてしまう。内部も建築当初の堂々たる木材がそのまま生きる美空間だ。

創業者が人吉の繁華街の真ん中に上総掘り（注）で温泉を掘り、同湯を開業したのが1931年。以来、球磨地方一帯から集まる買い物客らが利用し、人吉が温泉地として認識される礎となった。

だが周囲の温泉掘削が増えると昭和初期の上総掘り温泉は軒並み湯量が減少し、廃業か、重機による再掘削かの選択を迫られる。同湯も2003年に湧出が止まって1年間の休業に追い込まれたが、ポンプ交換でなんとか現在の量が復活した。創業時のスタイルを維持する新温泉が、人吉の宝として守られることを祈りたい。

（注）かずさぼり…人力で1年以上かけて200～300mを掘り進める工法。現在の新温泉の湯量は創業時の半分程度と言われる。

三代目、永見明子さん。

男湯脱衣場。鮮やかな広告看板は地元の雑貨店のもの。

女湯のユニークな広告絵。

1 多重構造の屋根が目を引く重厚な建物。度重なる大水害に耐えてきた。
2 昼間の浴室。広いガラス張りに緑が生える。

新温泉《しんおんせん》

- 熊本県人吉市紺屋町80-2
- 0966-22-2020
- 13:00～22:00
- 休 第1月曜日（祝日の場合は翌週月曜日）、元日
- 肥薩線「人吉」徒歩7分

鄙びの静寂空間

鶴亀温泉

湯船と脱衣場の間には大きな高低差がある。

細い水路に沿う、細い道。小さな山の分校を思わせる鶴亀温泉の玄関は、水路沿いの道から斜めに入り込んでいて、うっかり見逃してしまいそうだ。

中に入ると、思わず目を見張るような鄙びの世界が迎えてくれる。1937年の創業時から時が止まったかのような石張りの浴室だ。

現在は近くの病院が経営する。創業者一家が維持できなくなったため、温泉を病院へ引く目的で買い取った。しかし地元から「公衆浴場としても残してほしい」との要望があり、営業継続を決めたそうだ。だが新温泉同様に湯量が減り、2005年に再掘削した。

浴室は脱衣場よりかなり低い位置にある。いにしえの湯の里に埋没するかのような幸せを静かに享受できる。

畳とコタツの仕込まれた番台。

玄関から浴室入り口まで脱衣場を回り込むように土間が続く。

1 男湯の湯口はえびす様。2 浴室の石はタワシで磨かれている。3 近年、屋根瓦が葺き替えられた。4 女湯浴室。大黒様の口から湯が吐き出される。

鶴亀温泉《つるかめおんせん》

- 熊本県人吉市瓦屋町1120-6
- 0966-22-3221（外山胃腸病院）
- 14:00～20:30
- 休 第2・4月曜日
- 肥薩線「人吉」徒歩8分

ケヤキが見守る だるまの湯

相良藩願成寺温泉

相良藩の菩提寺、願成寺の近くで1957年に営業を始めた相良藩願成寺温泉は、外観や脱衣場は改装されたものの、浴室は創業当時の姿を色濃く残している。ロビーで地元農家の野菜が販売されるなど地元の交流拠点でもある。

創業者が90歳を超えて売りに出された同湯を購入したのは、地元建設会社の新堀タエ子さんだった。

同湯の継続で地域貢献したいと思った新堀さんは、温泉の横のケヤキの大木にも魅かれたという。

「でもそれは隣の古民家の敷地でした。そこで隣も買い取って温泉の駐車場にしようと。ところが建物の内部を見たら昭和10年築の素晴らしいもので、壊してはいけないと思い、食事処にしたのです」

その店は「相良藩　田《でん》」と命名され、願成寺温泉とともに地域の憩いのスポットとなっている。

浴室から脱衣場方面。右手の水風呂が嬉しい。

1 ロビーでは地元野菜を販売。
2 隣は同経営者による食事処「相良藩 田（でん）」。
3 願成寺の相良藩墓所に近い。

相良藩ゆかりのケヤキが見守る。

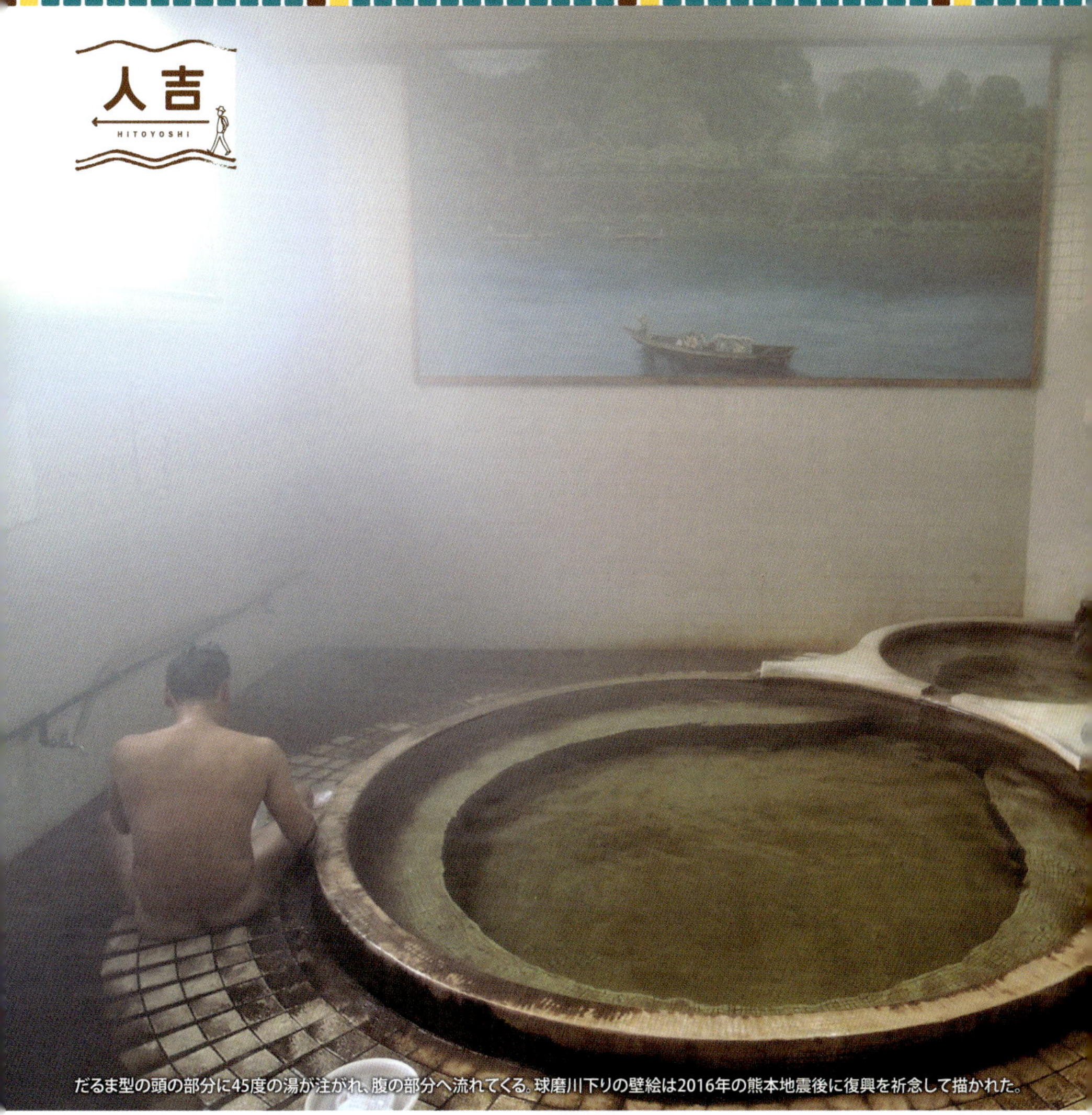

だるま型の頭の部分に45度の湯が注がれ、腹の部分へ流れてくる。球磨川下りの壁絵は2016年の熊本地震後に復興を祈念して描かれた。

相良藩《さがらはん》願成寺《がんじょうじ》温泉《おんせん》

- 熊本県人吉市願成寺町404-1
- 0966-24-6556（相良藩 田）
- 6：00〜23：00
- 休 無休
- くま川鉄道湯前線
  「相良藩願成寺」徒歩2分

脱衣場からの浴室。

指宿

IBUSUKI

右側が弥次ヶ湯の浴舎、左の2階建ての右側に大黒湯の浴舎があり、男湯は中でつながっている。

弥次ヶ湯

リアル日本昔話

浜辺の砂を掘るだけで熱い塩化物泉が湧き出る名高い温泉郷、指宿。だが有名施設だけでなく、長い歴史を持つ温泉銭湯がまちかどに点在し、安価に入れるのがレトロ銭湯ファンにはたまらない。

1 受付棟の2階は休憩室として別料金で利用できる。
2 弥次ヶ湯の湯船は板底だ。

はじめて弥次ヶ湯を訪れた日から、レトロ銭湯をめぐる私の旅が始まったといえる。神戸の自宅に帰ってからもしばらくは余韻が収まらず、何度か夢にも出てきた。

同湯は、天保年間に薩摩藩がまとめた『三国名勝図会』に「往昔弥次といふ者掘出せり、故に其の名を得たり」と出てくる。江戸時代すでに伝説化していた古湯だ。

公衆浴場としての創業は1892（明治25）年で、現在の経営者・東郷邦照さんは四代目。湯壺などは創業当時のままだ。

帳場の奥に連なる浴舎「大黒湯」は、二代目が大正期に3年かけて掘った別泉源で、ぬるめ。

帳場2階の休憩室もすばらしい。創業100周年で始めた湯治宿も裏に併設されている。圧倒的なオーラに包まれて放心しよう。

大黒湯の内部。脱衣場と浴室の間に仕切りがない。

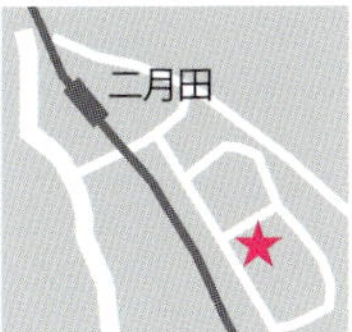

弥次ヶ湯《やじがゆ》

- 鹿児島県指宿市十町弥次ヶ湯1068
- 0993-24-3777
- 7:00〜21:00
- 休 木曜日
- 指宿枕崎線「二月田」徒歩13分

帳場から外を見る。

2階休憩室への階段。

江戸期の湯壺

村之湯

指宿

IBUSUKI

靴を脱いで上がるといきなり目の前にこの情景が現れる。木枕を当てて床に寝転ぶのが指宿スタイル。

湯壺は3メートルの深さがあり、板底の下から自噴している。

1

2

手前が浴舎。料金は奥左の管理棟で支払う。

入口の戸を開けたとたん目の前に現れる光景を、ある人は「神様がこっそり入りに来るお風呂みたい」と表現した。

村之湯のはじまりは1863（文久3）年。当初は田畑の中に湯穴が開いているだけの露天風呂で、村人が自由に利用する文字通り「村の湯」だった。

「明治14年にある医師が湯治用に湯船と浴舎をこしらえたのが営業の始まりです。終戦後、その医師から私の祖父が買い取りました」と、医師から数えて四代目の現店主・堀之内謙郎さんは語る。

湯船は板底で、隙間の奥は真っ暗闇だ。その下の湯穴はなんと3メートルの深さがあり、底から自然湧出している。そんな温泉が今も地域住民の風呂として、日々利用されている。

1 古代の土器を思わせる湯鉢。
2 飲み湯専用の湯鉢。
3 風呂場（手前）と脱衣場（奥）の間に仕切りはなく、わずかな段差のみ。
4 出入り口の上には島津斉彬公と西郷隆盛の肖像画が掲げられている。

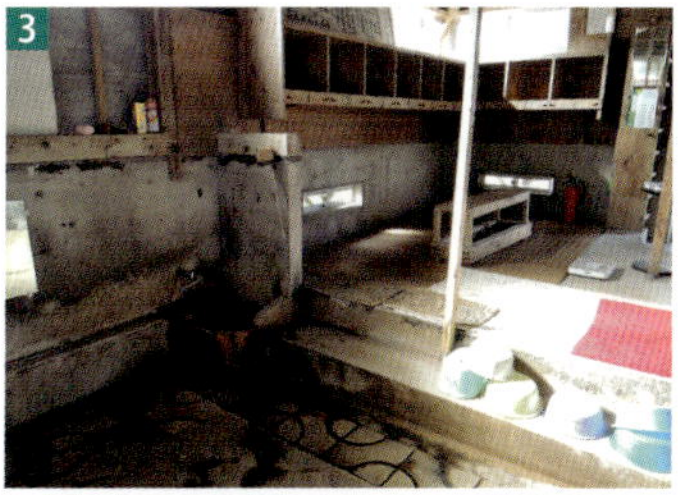

3

4

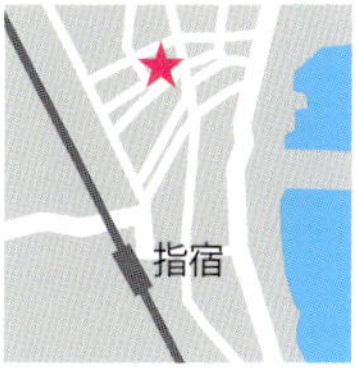

村之湯《むらのゆ》

- 鹿児島県指宿市大牟礼3-16-2
- 0993-23-3713
- 7:00～22:00
- 休 無休
- 指宿枕崎線「指宿」徒歩11分

島津家の温泉行館

殿様湯

薩摩の島津家には、指宿に温泉保養館を設ける伝統があったようだ。1831（天保2）年に島津斉興が、それまで指宿の別の場所にあった「長井温泉行館」をここへ移したのが殿様湯の始まり。浴舎の裏には、今も殿様が入った湯船の跡がタイルもそのままに残っている。

その後、廃藩置県の時に民間へ払い下げられ、それを買い取ったのが現店主の曾祖父に当たる。

52度の源泉はまず島津の家紋が彫られた湯溜へ、そこで温度が落ち着いてから湯船へと流れ込む。

陽光の差し込む浴室には木枕が置かれている。すいている時は

薄濁りの熱い塩化物泉が満ちる。

指宿
IBUSUKI

この枕に頭に乗せて寝そべるのも入浴法の一つ。古来の岩盤浴だ。表には飲泉場がある。出汁のような味わいで人気を集めている。

1 脱衣場から。2 常に溢れる湯と木枕。3 白壁の浴舎外観。4 裏手にある湯権現神社。5 浴舎の外側には島津の殿様が入った湯船が残されている。6 殿様が使った湯船のタイル。

殿様湯《とのさまゆ》

- 鹿児島県指宿市西方1408-27
- 0993-22-2827
- 7:00～21:00
- 休 金曜日（祝日・お盆・年末年始は営業）
- 指宿枕崎線「二月田」徒歩7分

鹿児島

KAGOSHIMA

珍しく雪をかぶった桜島を城山から望む。

目の前で桜島が噴煙を上げる鹿児島市は、市内に30軒以上ある銭湯がすべて天然温泉という温泉郷だ。だが元々そうだったのではなく、普通の銭湯1軒1軒が温泉を掘り当ててきたドラマがある。

老舗のきらめき湯

霧島温泉

1 落ち着ける内装。2 1950年の看板建築。3 ビルに囲まれてちょこんと残る。4 水風呂もかけ流し。5 秋田杉の天井。6 天井のスリットから光が降り注ぐ。

創業は1919(大正8)年、鹿児島きっての歴史ある銭湯だ。当初は井戸水を沸かす一般銭湯だった。空襲で焼けたが、1950年に創業者の親戚が再建。秋田杉の脱衣場天井や浴室のモザイクタイル画はそのときのものだ。

しかしそれは折悪しく家庭風呂が普及し始める時期だった。あとを継いだ現店主・田中秀文さんは「このままではいけない」と、同業の有志6軒で温泉掘削会社を設立。「当時市内に温泉施設が4軒ほどあったので、掘ったら出るかもしれんなと」。1950年代前半には次々に温泉が出て、霧島湯は「霧島温泉」に。その成功が鹿児島温泉郷誕生の呼び水となった。

のちにサウナも設置したが、建物や浴室は戦後再建時の風情を大事に守り続けているのも同湯の魅力だ。

湯船端の壺から清澄な湯が掛け流されている。

水吐きライオン

霧島温泉《きりしまおんせん》

- 鹿児島県鹿児島市西千石町6-20
- 099-222-4311
- 6:00～22:30
- 休 毎月15日(日祝の場合は翌日に振替)
- 鹿児島市電「高見馬場」徒歩6分

駅近のレトロ温泉ビル みょうばん温泉

積み上げられた20トンの球磨川の巨石から注がれる43度の湯が３段式の湯船で順に冷めてゆく。

鹿児島中央駅のすぐ近く。「この一帯は空襲で全焼しました」と創業者の鮫島行政さんは語る。

陸軍の獣医だった鮫島さんは戦後公職に就けず、養豚や酪農を始めるかたわら、空襲で焼けたみょうばん湯という銭湯の隣の土地を入手。井戸を掘って新しい銭湯を建て、屋号はそのまま「みょうばん湯」を継承した。

１９６７年には温泉掘削に成功。翌年建てた「温泉ビル」は評判を呼び、「１日１０００人が詰めかけた」という。今も当時のままの入浴を楽しめる。

2階は家族湯、3階はサウナ。

1 戦後の焼け跡で創業した初代・鮫島行政さんと、レトロな番台。
2 タイルは温泉成分と経年によって変色している。

みょうばん温泉

- 鹿児島県鹿児島市武1-9-11
- 099-254-5563
- 6:00～23:00（家族湯・サウナは24時間）
- 休 無休
- 鹿児島本線「鹿児島中央」徒歩4分

日本のまちの片隅で
今日もお湯が沸いている。

（第３章）よしの湯（愛媛県大洲市、本文98頁）

第３章

あの風呂めざして旅に出よう

ことぶきゆ

山陰本線の隠し湯

寿湯

鳥取県東伯郡湯梨浜町

- 鳥取県東伯郡湯梨浜町旭404
- 0858-32-0039（理容シミズ）
- 8:00〜20:00
- 休 第1・3月曜日
- 山陰本線「松崎」徒歩2分

2

3

1

浴室床の細かな玉石タイル

いろんなところにいろんな風呂屋がある。寿湯はそんな風呂旅の楽しさを最高に感じさせてくれる存在の一つだ。猫の抜け道のような通路から激熱の湯に浸かるまで、ワクワク感は引きも切らない。

昭和初期の松崎温泉は大歓楽街だった。１９２８年、近辺で最大の置屋が芸妓や従業員の風呂として屋敷内に掘った温泉、それが今の寿湯だ。その後置屋は廃れ屋敷もなくなったが、風呂は銭湯として残った。その年は不明だが、１９５７年に県公衆浴場組合が配布した「入浴者心得」が掲示されている（現在は組合非加盟）。

２０１６年の鳥取県中部地震では浴室天井が壊れた。現店主の清水利昭さんは廃業を考えたが、常連客の熱望で急きょ3人の息子を召集、応急修理して営業を続けている。

1 24時間かけ流しの天然温泉。蛇口には析出物がびっしり。2 玄関口、右奥に抜けてきた通路が見えている。3 番台は20年ほど前から無人で、ブザーを押して店主を呼び出す。4 湯船はスプレーペンキで青く塗られている。5 簡素で清潔な脱衣場。

湯気にけぶる小さな浴室。

まちかどのマッチ箱

えびす湯

香川県高松市

香川県高松市
扇町1-21-4
087-821-3303
16:00～23:00
休 3のつく日
高徳線「昭和町」
徒歩7分

細長い浴室

高松の中心商店街から昭和町へと続く旧街道沿いを歩くと、かつては銭湯通りと呼びたくなるほど次々に銭湯が現れたが、今やこのえびす湯ただ1軒となった。交差点にちょこんとたたずむ姿は、昔の映画に出てくる小さな郵便局のように愛らしい。

靴を脱ぐとき頭が壁につかえそうな狭い玄関、うなぎの寝床のように細長い脱衣場と浴室。余計なものは何も置けない、潔い風呂だ。でもレトロな銭湯には珍しく浴室に石鹸とシャンプーが常備されており、客想いのサービス精神に嬉しくなる。

創業年は不明だが、昭和初期に現店主の祖父が買い取って営業を始めた。今の建物は戦前のもので、以来変わらぬ姿で湯が沸かされ続けている。

夜は
この小さな
看板が目印

3

4

5

6

1 古い街道筋の角地にコンパクト収納。2 細長い脱衣場。3 薄べったい玄関スペースの愛らしさ。4 濃厚なアツアツの薬湯が名物。5 渋い番台周辺。6 屋号の由来となった恵比須神社がすぐ近くにある。

2

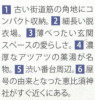

文豪の港町で出会う
豆タイルの宝箱

だるま湯

愛媛県松山市

- 愛媛県松山市神田町5-10
- 089-951-2040
- 14:00～20:00
- 休 3のつく日
- 伊予鉄道高浜線「三津」徒歩6分

三津浜には渡船が残っている

1 ベラスケス作品をモチーフにしたモザイクタイル画。2 アールデコ調の玄関。3 薬湯のレトロなタイルも見逃せない。4 浴室の壁は全面細かなモザイクタイルで覆いつくされている。

漱石や子規など明治の文豪や偉人が往来した港町・三津浜に1軒だけ残る、だるま湯。モダンな玄関装飾などにセンスの良さが光る。

ピカピカに磨かれた浴室で瞠目させられるのは、びっしりと壁面を覆う細かなタイルと、壁上方のモザイク画だ。この絵はベラスケスの絵画「鏡のヴィーナス」をモチーフにしているという。※

いつの建物か詳細は不明。現店主・横本明仁さんの祖父が瀬戸内の島から出て、紆余曲折ののち銭湯を始めた。それを明仁さんの両親が引き継いだが、2011年に母の他界と父の手術が重なって銭湯は休業。「風呂頼むわな」「だるま湯の灯を消したらあかん」という父母の声を胸に明仁さんは会社を辞め、同湯を再開させた。そして、今日も灯はともっている。

※「にっぽんのかわいいタイル　昭和レトロ・モザイクタイル編」加藤郁美、国書刊行会

コンパクトな美空間。

4

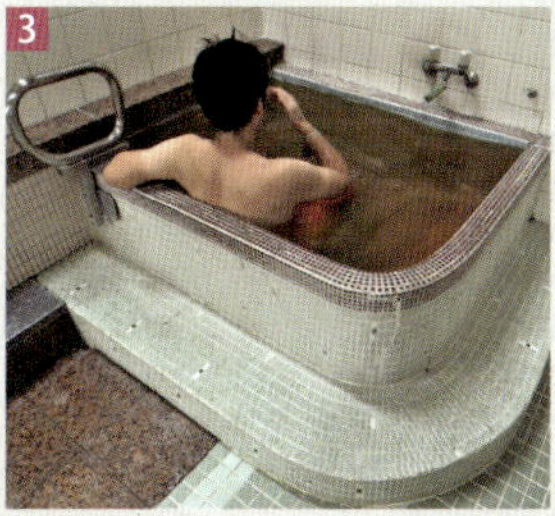

3

玄関照明の
フォントも
目を引く

こいけおんせん

日本一のジオラマ風呂

鯉池温泉

愛媛県今治市

- 愛媛県今治市鯉池2-1-7
- ☎ 0898-22-4819
- 15:30〜23:00
- 休 8のつく日
- i 予讃線「今治」徒歩19分

女湯は壁画と湯船が完全に合体している。

深い湯船から浅い湯船へタイルの鯉が登ってゆく

1

2

3

浴室を見た瞬間、これぞ日本一の銭湯タイル絵だと唸った。とくに、絵の中の川と湯船が融合した女湯のジオラマの完成度の高さ。まるで裸で絵の中にいるようだ。

かつて鯉のいる池があった鯉池町に鯉池温泉が建ったのは終戦直後。１９５９年に同湯を買い取った祖父から経営を引き継ぐことになった井村勝利さんは、それまで海運会社に勤めながら各地の銭湯を見て回り、刺激を受けてきた。引き継ぐにあたり、老築化した同湯の建て替えを決意。設計図面からタイルの墨付けまでを自分でこなした。絵からつながる湯船や、鯉が湯船を登ってゆくのも勝利さんのアイデアだ。

８ヵ月かけて１９７９年に完成。再オープンしたとき、常連客はさぞやぶったまげたことだろう。

1 玄関正面の窓。2 男湯は湯けむりに霞む富士を眺めながら。3 どっしりとした外観。4 すっきり脱衣場。5 男湯は松の木も素晴らしい。

広告主の名を焼き付けたタイルは非常に珍しい。

路地の奥の仙境

よしの湯

愛媛県大洲市

- 愛媛県大洲市中村473
- 0893-24-3441
- 14:00〜21:00
- 休 3のつく日
- 予讃線「伊予大洲」徒歩6分

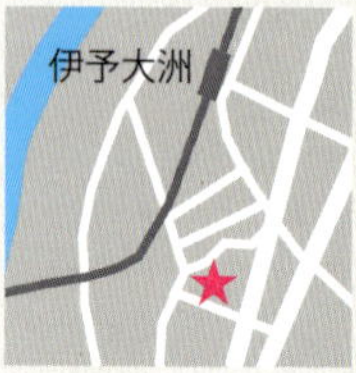

無我の境地へと誘う浴室天井

濃厚なハップ湯

呑み屋が軒を連ねる路地の奥の四つ角に、空中に飛び出した温泉マークが見える。大洲唯一の銭湯、よしの湯の看板だ。

初代の井上清次郎は慶応生まれの船乗りだった。退職金で銭湯を作ろうと考え、カナダから米マツ材を輸入して、自分の土地に3年かけて1920（大正9）年に同湯を完成させた。

そのバイタリティは三代目の現店主・清二さんにも受け継がれ、中学生の時に女湯の赤ちゃん台を作ったのを皮切りに、旋盤やハンマードリルを駆使して機械や設備の修理はすべて自分でこなすばかりか、ボイラーまで自作する。技術はすべて大工や溶接工の作業を見て盗んだ。「だから続けてこれたんだよ」と笑う清二さん、まさに「最後の叩き上げ風呂屋」だ。

1 かつて前栽があった場所はゴザ敷の小部屋になっている。**2** 浴室には使われていない円筒形の島カラン跡が残る。**3** がっしりとした番台とおかみさん。**4** 狭い路地の中空に飛び出た温泉マークが目印。**5** 男湯の電気風呂は洞窟状、女湯の電気風呂は別室状になっている。

平屋建ての日本建築。

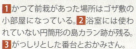

ぶんかゆ

徳山最後のあったか風呂屋

文化湯

山口県周南市

- 山口県周南市戎町3-11
- 070-5670-1487
- 15:00〜20:00
- 休 日曜日
- 山陽本線「徳山」徒歩8分

昔ながらの銭湯には珍しく若い客も来る。

不思議な銭湯だ。浴室は年季の入った渋い空間ながらも、脱衣場には若々しい笑顔が行き交う。その様子がなんだかおもしろい。

シベリア抑留で障害を負った高原茂さんが文化湯を建てたのは1953年。以来、傷痍軍人や保育所の優遇など奉仕の精神を貫いた。

実際に60年近く銭湯を切り盛りしてきたのは妻の美和子さんだが、2012年に大けがをした。その日病院で茂さんは息子の妻の伊都子さんに頭を下げ、翌日からの銭湯営業を頼んだという。「こんな大変なときにと驚きました。でも義父は徳山最後の銭湯としての使命感を持っていたんです」

以来、伊都子さんが文化湯を担っている。明るい人柄と、自家製ブルーベリー販売などのアイデアが受けて、店は活気づいている。

夕陽の差し込む浴室、古くても清潔。

4

3

1 玄関前の藤棚と1本のシュロの木がシンボル。2 細かな古いタイルが大事に使われている。3 文化湯を切り盛りする高原伊都子さん（右）と、たまたまこの日番台デビューだった義妹の松本芳子さん。4 夕方になると灯がともる丸看板。

狭い路地を下る途中にある。

炭都の美しき丸風呂

だるま湯

福岡県飯塚市

- 福岡県飯塚市本町17-42
- 0948-22-3514
- 15:00～～22:00
- 休 月曜日
- 「飯塚バスターミナル」徒歩4分

炭鉱で栄えた筑豊の銭湯も、今や飯塚のだるま湯だけ。市の中心部、幹線道路から沈み込むような狭い下り坂の路地に同湯はある。

現在の店主は三代目の山本浩一さん。山本さんの祖父ははじめ染物屋だったが、消防団の一員として消火活動中に足に釘が刺さり、それが元で左膝から下を失った。染物屋の継続が困難になったため、建て売りの同湯を購入したのが1930年のこと。

そのとき名付けた「だるま湯」という屋号には、足を失っても七転び八起きでがんばろう、という初代の思いがこめられている。

かつては炭鉱の人たちが夕方呑む前にやって来た。路地には割烹料亭、少し西には色街もあって賑やかだったが、それも今は昔。狭い坂道には強い郷愁感が漂う。

周辺のみどころ

炭鉱の繁栄を今に伝える飯塚のシンボル、嘉穂劇場（芝居小屋）。

1 漢数字の脱衣箱。2 どっしりとした日本建築。3 いつものやりとりが心地よい。4 正面に使われているモダンな立体的タイル。5 煉瓦造りの四角い煙突。

浴室中央に円形浴槽、奥壁の装飾も目を引く。浴室全体が驚くほどピカピカに磨かれている。

おうじおんせん

絶品の黒湯

王子温泉

大分県大分市

大分県大分市
王子中町8-27
☎ 097-532-8438
16:00～22:00
休 土曜日
日豊本線「西大分」
徒歩16分

1 使い込まれた渋い鏡。**2** 小さくて簡素な脱衣場。**3** 番台を守る渡辺皓美さん。

1

3

2

隣に別府という日本一の温泉都市があるためか、大分市の銭湯はほとんど姿を消した。そんな中、大分最古の王子温泉は１９１３（大正２）年から続いている。

かつては繁盛したが徐々に客が減り、先代のおかみさんが「もうやめよう」と口にするようになった。家族で話し合ったとき、息子の妻の渡辺皓美さんが「近くのホテルは温泉を掘って出てるから、うちも掘れば出るんじゃないかしら」と温泉掘削を提案。１９８１年に借金して掘り当てた。

２０１６年に年に夫を亡くしたあとは、皓美さんが一人で維持している。源泉掛け流しのまろやかなモール泉にひかれて、地元の常連客だけでなく全国から温泉ファンがやってくる。

温泉成分に磨かれた味わい深い浴室。取材の日は冬至でゆず湯だった。女湯には一回り小さな風車のモザイクタイル画がある。

鍵を開ける器具

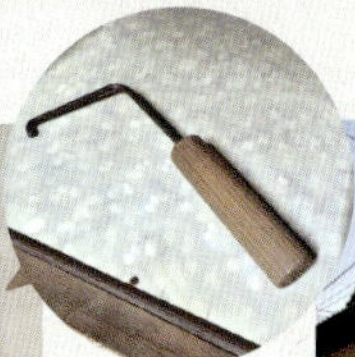

脱衣箱の鍵は内側からかける旧式。

こぢんまりとかわいい外観。

さくらまちおんせん

極上ふんわり

桜町温泉

熊本県山鹿市

熊本県山鹿市
山鹿957-3
0968-43-6659
6:00〜11:00
14:00〜21:30
休 金曜日
産交バス「シルバー人材センター入口」徒歩4分

湯気抜き部分は2015年の台風15号で破損した。

脱衣場から浴室裏の家の屋根まで素通しの開放感。

最上段にある湯船には別泉源からやや温度の高い湯が注がれる。

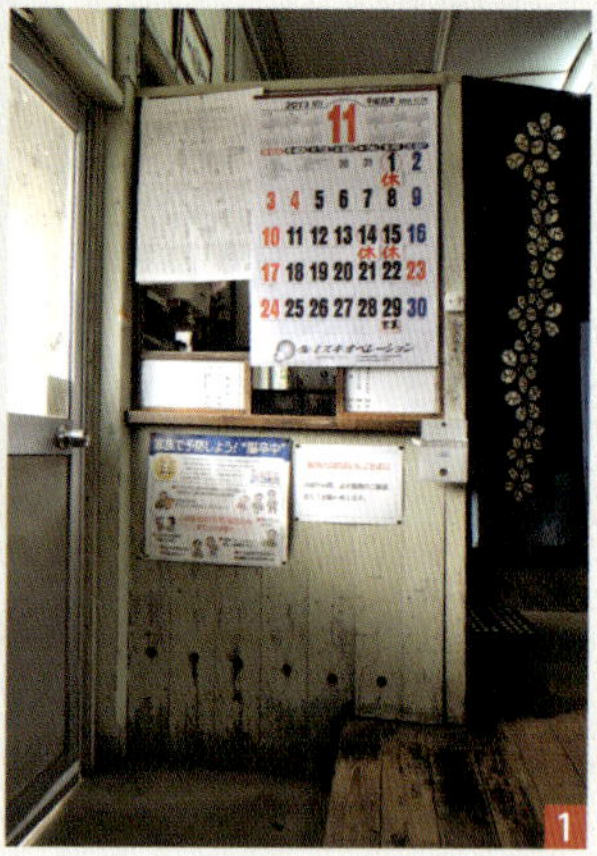
1 これほど開口部の少ない番台は珍しい。 2 湯屋の隣にある共同洗濯場は2016年末で閉鎖された。

明治時代の湯屋「さくら湯」を2012年に再建した山鹿温泉。その中心部から東1キロほどのまちかどに、1959年の創業時から姿を変えずに営業を続ける桜町温泉がある。家族湯と共同洗濯場を備えたローカル色豊かな温泉として親しまれてきた。

床のタイルは剥がれているが、それよりこの清々しい湯船の光景は何だろう。そして、ひたひたと溢れるお湯のふんわり感。ぬるめの湯はいくらでも入っていられて、眠気を誘われる。

創業者が2004年に亡くなったあとは、神奈川県にいた孫の高倉真さんが引き継いだ。その後、家族湯を廃止し、洗濯場も2015年12月で閉鎖するなど縮小しながらも、根強いファンに支えられて営業を続けている。

清澄な湯の底でモザイクタイルのつぶつぶが輝く。

周辺の
みどころ

豪華な芝居小屋「八千代座」も
見逃せない。

山鹿温泉のシンボル「さくら湯」。

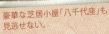

エメラルドの理想郷

脇浜温泉浴場

（ おたっしゃん湯 ）

長崎県雲仙市

「入浴券発売所」の古い木札

- 長崎県雲仙市小浜町南本町7
- 095-774-3402
- 日の出〜21:00
- 休 ほぼ無休
- 島鉄バス「小浜町体育館前」徒歩2分

どっしりとした番台を受け継ぐ三代目、宮本純子さん

建物の裏で湧き上がる温泉の蒸気。

広々としたシンプルな脱衣場。

いつまでも余韻が残る風呂、というものが存在する。まぎれもなくここはその代表だ。

1937年創業、小浜温泉で唯一の民営公衆浴場。通称の「おたっしゃん湯」は、初代と共同でこの浴場を切り盛りした「おたつさん」(初代の姉か妹)に由来する。

湯船底の緑色タイル、床石に刻まれた溝、精緻な天井の造形、サラサラと溢れる湯・・・はじめて訪れた人は思わず息を呑む、凛とした鄙びの美しさだ。

朝6時前から開店を待つ人もあり、同場はもはや地元の人々の生活の一部だ。150円の入浴料金では商売になりにくいが、遠方から毎日通う人や、この温泉を目的に関東から移住した熱烈なファンもおり、「絶対にやめないで」との声に押されて続いている。

神々しささえ感じる浴室。中央の給湯口にはコップが置かれ、飲泉できる。

使われ続けている木製の脱衣箱。

2010年に県の「まちづくり景観遺産」に指定された。

奄美の果てに沸く

嶽乃湯

鹿児島県大島郡瀬戸内町

1 台風に強そうな四角い建物。2 古仁屋港の向かいは加計呂麻島。

- 鹿児島県大島郡瀬戸内町古仁屋松江9-5
- 0997-72-0667
- 13:00～20:00
- 休 第1・3日曜日
- しまバス「古仁屋」「郵便局」徒歩2分

大阪で注文し作られた脱衣箱。

奄美大島南端、加計呂麻島と向き合う瀬戸内町の古仁屋に、嶽乃湯がポツンと残っている。番台に座るおかみの古谷さんは90歳。シンプルな脱衣場には漢数字の脱衣箱が置かれ、窓から島風がやさしく流れ込んでくる。

昭和初期に鹿児島の人が作った同湯を古谷さんの義父が買い取ったのが１９４３年。まもなく空襲で古仁屋は焼け野原となり、同湯は建て直しを余儀なくされた。ところが１９５８年には大火があって再び焼失し、2度目の建て直し。いまの嶽乃湯はそのときのもので、脱衣箱は当時の店主が大阪まで行って注文したという。

山水を引き、薪で沸かされた湯はまろやかだ。加計呂麻島から船で週に数回通う常連客や、旅行中の若者もやって来る。

また来てしまう
あったかい場所。

（第４章）清心温泉（岡山市北区）

第４章

レトロ銭湯 かくして残る

清心温泉。玄関右手の旧コインランドリー部分が焼き鳥テラスになっている。

女湯にある不思議な富士山の絵。

清心温泉の脱衣場にはスポーツ選手の
サイン色紙がびっしり貼られている。

清心温泉の玄関。狭いこともあって、知らない
人同士も必ず挨拶を交わすことになる。

週に1日か2日だけ

「大雪とか、警報が出ると必ず客が来ますね。ふだん来ないけど」

自嘲的なようでいて自信がにじむ、この言葉の主は二宮丈晴《たけはる》さん。公衆浴場組合には非加盟ながら、岡山県では最もよくマスコミに取り上げられる銭湯、清心温泉の番頭さん（店主）だ。

ここが営業するのは週に1日か2日だけ。二宮さんは勤め人であり、その不定期の休日にしか湯を沸かすことができないから、営業日は同湯のブログを見ないとわからない（ただし、近くのサッカー競技場でJリーグの試合があるときは必ず営業する）。

そのブログを見て、客はやってくる。必然的に客層は若い。

だが、若者に好まれるような設備、たとえばサウナやジャグジーや、何かおしゃれなセンスを感じさせる要素があるかというと、まったく逆だ。

清心温泉は戦後間もない１９４９年に二宮さんの祖父が始めた。四角い湯船が一つあるだけの、シンプルを絵に描いたような小さな風呂屋だ。それをそのまま引き継いだ二代目のおかみさん（二宮さんの母）が２００９年に亡くなり、廃業。ここまではよくある話だ。

だがその3年後、いよいよ建物を取り壊すことになったとき、二宮さんが待ったをかけた。

再び始まった「興奮」の日々

これまで多くの銭湯店主に創業時の話を聞いたが、そこに共通するのはある種の「興奮」だ。裸一貫、大きな借金をして銭湯を建てたときの興奮。大勢の客が詰めかけた興奮。

だが世代を継ぐごとに、昔のスタイルのまま続けてきた銭湯の多くから興奮が失われ、沈滞、そして衰退が取って代わる。

むろん銭湯の中には、生き残りをかけた大規模な改装によって、創業時ほどではなくとも、かつての繁盛を彷彿とさせる人気銭湯も存在する。私の住む神戸周辺では阪神大震災後に温泉を掘削してリニューアルする銭湯が増え、源泉掛け流しで人気を集めている。東京ではデザイナーズ銭湯が隆盛し、若手の跡継ぎが活躍して銭湯ブームの到来をも予感させるほどだ。

銭湯ファンとしては、そうやって現在にふさわしく生まれ変わった銭湯が生き延びていく姿は頼もしく、とても嬉しいことだ。大きなエールを送りたい。

銭湯は商売である。採算をとるためには消費者ニーズをつかむ必要がある。時代を経てニーズが変わると、従来のスタンスではやっていけないから、変化に合わせたコンセプト転換が必要。リニューアル銭湯はそこに照準を合わせ、生き残りを図るものだ。もちろん、新たなコンセプトと設備を知らせるために宣伝も必須……と、一般的にはそういうことになる。

でも、昔ながらの銭湯が好きでたまらない私からすると、それは銭湯の一面に過ぎないようにも思える。

すべての銭湯がそんなふうに時代に合わせてリニューアルするのがいいとは思えない。そしたら、あの田舎でバーサマが一人でやっている湯船一つの古い銭湯はダメなのか？はじめて行ったとき、呆然とするようなタイムスリップ感に胸が熱くなるのを覚えたあのバーサマの銭湯は、時代に合わせて最新

子どもたちもやってくる。

設備にリニューアルすべきなのか？

私はそうは思わない。

私が銭湯はおもしろいと思うのは、人気のデザイナーズ銭湯もあれば、本書で紹介しているようなレトロな銭湯も現役でやっている、その振れ幅の大きさだ。銭湯とはこういうもの、とひとくくりにできない多様性があるからこそ、いろんな人の好みに、あるいはその日の気分に、業界全体として応えられる。本当に根付いている文化とはそういうものだろう。

とは言っても、レトロ銭湯の多くは、時代に取り残されたからこそレトロ銭湯なのであって、必然的に先行きが厳しい状況であるのは間違いない。

さて、どうすればいいのだろう。

そんな中にあって、失われたかつての興奮をまったく別のかたちで取り戻した銭湯が現れ始めた。

本書のシリーズ前作「関西版」の第7章「人はなぜ銭湯へ行くのか」で紹介した京都・梅湯の湊三次郎さんはその代表だろう。銭湯文化への愛情を燃料に、真正面から直球勝負する彼の姿は痛快だ。が、じつはその数年前に、もっとイレギュラーなかたちでレトロ銭湯を復活させた人がいる。

二宮文晴さんのやり方は、レトロ銭湯の廃業を嘆く銭湯ファンにとって、「こんな手があったのか！」と唸らされる超変化球だ。

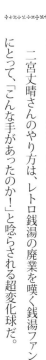

寒波の中の屋外ビール

一般的に、天候が荒れると銭湯はヒマになる。だが清心温泉は逆なのだという。

私が久しぶりに同湯を訪れたときはタイミング悪く寒波が襲来。こんな日にわざわざ銭湯へ行くのは気が進まない。まして同湯にはサウナなど特別な設備は何もない。

だがこの日も清心温泉は二宮さんの言葉通りに常連客で賑わい、玄関脇の焼き鳥テラス（もろに屋外だ）もダウンジャケットを着込んだ湯上がり客らが焼き鳥とビールを楽しんでいた。

そう、清心温泉には焼き鳥テラスがある。

二宮さんは同湯を再開させたのはいいが、3年のブランクは大きく、当然のことながら客は来ない。見かねた同級生の一人が暖簾の横に炭火を置いて勝手に焼き鳥を焼き始めた。やがてそれが清心温泉の名物となり、使っていないコインランドリーのスペースを客らが勝手に焼き鳥テラスにしてしまった。

それにしてもこんな日に屋外でビールを飲むなんてマトモではない……と思いながら、私も1時間以上そこで飲み続けた。

「土曜夜市みたいな感じ」

清心温泉は、岡山駅の新幹線口から、サッカー競技場（Jリーグのファジアーノ岡山の本拠地）に向かって7～8分歩いたところにある。周囲には新しい高層マンションが立ち並び、銭湯の周辺にありがちな下町風情はほとんどない。

一般に銭湯は、家風呂の普及にともなって客が減り、廃業していった。が、清心温泉へ来る客の多くは、その高層マンションの住民だという。もちろん快適で使いやすい家風呂があるはずだ。

「何がよくてここへ来ているんですか？」

寒風吹きすさぶ焼き鳥コーナーで湯冷めも厭わずにビールを飲んでいる客に、私は聞いた。

「楽しいからね。土曜夜市みたいな感じかな」

「家では面倒で湯船にも入らないんですけどね」

清心温泉の焼き鳥テラス。

「番頭さんに会いに来てるんです」

「応援したくなるんですよ」

「常連客も、なんてことない顔をしてるけど、あったかい。みんながここを大事に思ってます」

「雰囲気がいいね、寒いけど。居酒屋とは全然違う。他の客とこんなにしゃべらへんし」

しかしそれにしても寒い。これではさすがに湯冷めしそうだが。

「風呂に入って、焼き鳥食べて、また風呂に入って帰るんです」

「清心いくわ、と嫁に言うと、バカじゃない？ と言われます。つまりバカになれるんですよ」

次々に答えが返ってくる。ここまで手放しで愛されている銭湯は、そうはないだろう。

「たんなる客なんだけど、仲間と思わされるんです」

「巻き込まれる感じがおもしろい。客なのに焼き鳥焼いて、あとでブログのネタにされてね」


一つしかない狭い湯船にみんなで入る。

「子ども店長」がいる

ことに常連客らが口を揃えるのは、ブログの存在の大きさだ。

二宮さんは、銭湯の営業日は少ないがブログは必ず毎日書いている。ブログでは前回営業日の様子が報告され、客の姿が写真で公開される。客は営業のない日でもブログで清心温泉を訪れ、二宮さんとのやりとりを楽しんでいる。

「内容にヒヤヒヤさせられるんです。だけど顔写真を思い切り出されても、なぜか許せる」

清心温泉のブログには、客商売にありがちな慇懃無礼さはない。自らへりくだるポーズを見せながらも、返す刀で常連客をネタの餌食にしてゆく。

子どもの客も少なくない。1年ほど前から「子ども店長」と呼ばれている瀬戸川繭太郎《けんたろう》くん（11歳）は、茶道の大会の帰りに母親とたまたま通りかかり、営業しているのを見て「入りたい」と感じて即座に入浴した。母親は外で待っていたという。

「そのときの番頭さんやお客さんとの会話が楽しかった。野球の話とか」

以来、洗い物をしたり焼き鳥を解凍したりボディーソープを片づけたりといった手伝いをするようになった。「子ども店長」と呼ばれるようになってからは、茶道とは関係なく電車に乗って一人でやってくる。

Ｊリーグ（岡山は現在Ｊ２）の試合の時は必ず開ける、ということで徐々にサッカーチームのサポーターにも知られるようになり、岡山のサポーターのみならず相手チームのサポーターたちも団体で来るようになった。千葉、岐阜、大阪、松本……Ｊ２はＪ１よりもチーム分布が広範囲に及んでいる。

考えてみれば、これだけ全国規模で客を集めている銭湯も少ないだろう。

時代から抹殺されている商売で

二宮さんは１９６９年に清心温泉で生まれ、大人になるまで暮らしていた。父は別の仕事をし、銭湯は母がやっていた。

「（母は）死ぬまでやってた」と二宮さんは言う。最後のほうは客は１日12人ほどだったが、母は続けていた。バカバカしいと家族は反対していたが、「母の生きがいだからやるべきだ、と私は言っていました」。

２００９年に母が死んでから、残された父が「銭湯やってくれ、お客さんから電話がかかってくるんじゃ」と何度も言うようになった。二宮さんは、父は銭湯に関しては何もしていないと思っていたが、じつはバックヤードの配管設備はすべて父が作ったものであり、非常に執着を持っていることを知った。

二宮さん自身は銭湯にまったく興味がなく、むしろコンプレックスがあった。子どもの頃は近くに風俗店があったため、学校で家の職業を聞かれて答えると教室に笑いが起きた。

しかし父の様子を見るうちに、二宮さんの中に「自分を試したい」という気持ちが芽生えてきたという。

「これだけ時代から抹殺されてる商売で客を呼べたら、俺スゲーなと。今から思えば、幼少の頃のコンプレックスを自分の力で消したい、という思いが根底にあったのかもしれません。銭湯でなければ、ここまで燃えなかった。居酒屋をやればもっと儲かるよ、今ごろ東京と大阪に支店が出てるよとよく言われますが、それは全然思わない。やはり銭湯で自分が悔しかったから」

高層マンションから客が来る

二宮さんが清心温泉を再開すると、昔なじみの友人たち数人がボランティアで手伝いに来てくれた。そのとき、一人がこんな言葉を口にした。

客が勝手に作った看板。

「このままだと、このあたりはマンションと駐車場だけの町になってしまう」

二宮さんは「なぜ銭湯を復活させたのか」と問われたとき、しばしばこの言葉を引用する。この言葉に「激しく同意」したという。かつての清心温泉も、この界隈で急激に開発が進む流れの中で廃業した店の一つだった。

手伝いの人が玄関先で焼き鳥を焼こうと言い出したとき、二宮さんはとくに何とも思わなかったが、実際にやり始めてすぐ、それが人と人とを結びつける強力な接着剤として機能することを知った。

「お客さんがみんな家族みたいになりました。そういうことが起きるとは思わなかった。焼き鳥テラスのおかげです」

清心温泉と焼き鳥テラスでの楽しい週末にやってくる客は、向かいにそびえる高層マンションの住民が多い。

「最初は、低層コーポにばかりせっせとチラシを入れてました。そして高層マンションを見上げては、こんなのができて花火は見えなくなったし、あんなとこに住んでいる人は銭湯なんか来るわけないし……と思ってました。ところがフタを開けてみたら、お客さんは高層マンションの人ばっかり。私が一方的に敵意を持ってた人たちがじつはいいお客さんでした。自分の思いこみがまったく見当はずれ。見えてなかったんですね」

ただし二宮さんは、焼き鳥テラスにはあまり顔を出さないようにしている。

「行けば細かなことが気になってしまう。だから私は行かずにお客さんにすべて任せ、あそこで私の悪口を言って盛り上がってるのが理想です」

小さくて古いからこそ

同時に、この小さくて古いレトロ銭湯ならではの役割にも気づいた。

「大型の銭湯だと、嫌いな客がいた場合でもお客さんは逃げ場があります。でもここでは向き合うしかない。すると関係が好転して、仲良くなって出てきます。悪い展開になったことはまずありません」

そしてこんなたとえを挙げる。

「校内暴力は、校舎が鉄筋になってから出てきたのではないでしょうか。木造だと、暴れると壊れてしまう。このボロボロの銭湯に来ている人は、そのことがよくわかるんです。みんながやさしくなる。やりはじめてから、そういうことに気がつきました」

子どもから高齢者までみんなが一つの湯船で話し、秩序ができてくる。そんな現状を二宮さんは「安心感」と表現した。

やめると言っても許してくれない

銭湯は日々の風呂として生まれたものであり、普通は週に1回程度の定休日以外は毎日営業しているものだ。だが清心温泉は最初からそれを放棄している。

「毎日はできません。私のテンションが持たない」

たしかに、営業日の彼のテンションを見ていると、それもわかる気がする。

「うちの風呂に400円の価値はありません。ならばそこで何を売るのかというと、自分自身を売るしかない。私を買ってください、というのが基本姿勢です」

だから営業中の接客には全力を尽くし、休業日でもブログを休まない。だがそれを続けていられるのは、本職の仕事中にはイライラすることがあっても、ここではそれがほとんどないからだという。「銭湯の営業日に気がのらないことは絶対にないですね」と断言する。

銭湯取材でしばしば耳にするのは、「毎日の長時間労働を強いられるキツイ仕事」という言葉。どんな仕事でも、がんばっても報われないと感じたときに心が折れてしまう。それだけに、身の丈にあった清心温泉のありようは新鮮だ。

「無責任だけど、おもしろければいい。おもしろいからできるんです。今後もおもしろければいいなと思います」

二宮さんの次男で高校2年生の純くんは、彼の祖母が清心温泉を営んでいた小学校6年生のときから営業を手伝っている。

「彼はたぶん私よりこの商売が好きですよ。放課後ここに来て飲み物を補充したり、勝手に働いてます。私がやめると言っても彼が許してくれないでしょう」

ラグビー部に所属する純くんに「ラグビーと清心温泉のどっちを取る?」といじわるな質問をすると、少し考えて「こっちを選びます」との返事がかえってきた。「お客さんとのコミュニケーションが一番おもしろい」そうだ。

清心温泉の番頭、二宮文晴さん。（写真は本人提供）

清心温泉を再開させるときの借金はすでに返済できた。今後のことは二宮さんが、いや、もしかしたらお客さんと純くんがこの古い銭湯をどうしたいか、ということにかかっているのかもしれない。

ゼニカネで済まない「場」の魔力

清心温泉の二宮さんの母は、1日12人の客のために営業を続けていたという。銭湯の黄金時代と比べれば、まさに「12人しか来なくなった」さみしい状態であり、もはや潮時と考えるのが妥当な判断ということになるのかもしれない。

ところが、100馬力の悦子さん（123ページ参照）は1日5～6人の客のために嬉々として湯を沸かしている。銭湯業界の新参者である悦子さんにとっては、「5～6人しか来なくなった」のではない。銭湯のなかった町、すなわち銭湯客ゼロだった安岐に、わざわざ風呂屋へ来る客が「5～6人も生まれた」ことになる。彼女の視点では、かつての清心温泉は「1日12人もの客が来る」立派な銭湯に見えることだろう。

銭湯の黄金時代を経験した二宮さんの母は、減りに減って12人になってしまったということは誰よりもわかっておられるはずだ。にもかかわらず続けていたのは、数の問題だけではない銭湯の根源的な魔力を体で感じてこられたからではないかという気がする。実際その12人の客にしてみれば、自分たちのために毎日湯を沸かしてくれる清心温泉はかけがいのない貴重な存在だったはずだ。それに「死ぬまで」応え続けたことが、のちに二宮さんが清心温泉を復活させることにつながった。

清心温泉だけではない。儲かりもしないのに銭湯を続けている経営者が日本中にたくさんいる。当人たちは「惰性」とか「ぼけ防止」などと説明することもあるが、私はその奥にこそ銭湯の魅力の核心が潜んでいると思う。儲からなくなってゼニカネのメッキが剥がれてきたからこそ、核が露出してきた。

地方の古びたレトロ銭湯へ行って私がしびれるような感覚を覚えるのは、その露出した核に触れてしまうからではないかという気がする。

女湯のおかまドライヤー。

気持ちがクロスする

私の家からいちばん近い銭湯である森温泉（神戸市東灘区）は、阪神・淡路大震災で全壊した。まちの復興の中で銭湯跡地をどうするかと家族で相談したとき、おかみさんは「マンションにしよう」と主張したが、今は亡き先代のおやじさんは「わしは風呂がしたいんや」と譲らず、結局は銭湯として再建された。今も地域住民に愛される貴重な存在として賑わっている。

経済合理性や後々の大変さを考えれば、おかみさんの「マンションにしよう」が正解だったかもしれない。しかし私は、廃墟となった被災地で、亡きおやじさんが「わしは風呂がしたいんや」と言ったことを思うだけで、胸が熱くなる。彼がなぜ「風呂をしたい」のかは知りようがない。でもその言葉に拍手を送りたくなる。

風呂屋というものは、こういう店主の気持ちと、それに喝采を送りたくなる風呂好き住民の気持ちがクロスして、続いていくものではないかと思うのだ。

「お人吉」現象

私は銭湯が、スーパー銭湯のような営利企業ではなく、街の個人商店であり家業である点にも魅力を感じている。営利企業は不採算となれば撤退して当然だが、個人商店はその街と一蓮托生、街の一部として暮らしを支え、景観とアイデンティティを長きにわたって形成しているものだからだ。

と言いつつ、本書第2章の「人吉」で取り上げた4軒のうち、創業者の家族がそのまま個人商店として営業を続けているのは新温泉だけで、鶴亀温泉や相良藩願成寺温泉などは病院や企業が経営母体となっている。

個人商店には、経営者が高齢化したときに後継ぎがいなければ終了してしまうという弱点がある。ところが人吉では、元は個人商店だったレトロな温泉銭湯が経営者の高齢化で存続できなくなった時、それを地元の企業が買い取る動きが連続して起きている。それも、採算をとるために大きくリニューアルしたり値段を上げたりすることもなく、番台のおじさんや掃除のおばさんの雇用も継続し、営利を完全に度外視して「地域貢献」の目的でそっくりそのままの形で営業を続けている。これは「お人吉」とも言われる人吉特有の現象かもしれないが、風呂屋の社会的価値が共有されてレトロ銭湯が残っていく特筆すべき例として、あえて紹介した。

欧米では企業が地域貢献のために昔の建物などを買い取って残すことは珍しくないらしいが、私は銭湯にもその価値があると思う。今後こういったかたちで残っていく例が増えてもいいだろう。

ここから始めよう

日本は人口減とともに東京一極集中がますます進み、地方はクルマ社会となって、昔からの市街地は衰退の一途をたどっている。その路地の奥にある銭湯もまた風前の灯となっていることが多い。

しかし、そういった中でひそかに残っている銭湯に行ったとき、私は大きな「何か」に包まれる感じがする。それは、100馬力の「おばあちゃんの家に帰ってきたような」感じとつながっている。寒波の中、清心温泉に集う若い常連客たちもきっと似たような感じを抱いているはずだ。私がかかわっている銭湯応援活動に参加する人たちも、おそらく同じような思いの人が多いのではないかと思う。

昔の銭湯黄金時代と比べることは、もはやほとんど意味がない。今、レトロ銭湯と出会う世代にとっては今がゼロ、スタートラインに立ったところだ。

いや、ゼロではない。たとえば清心温泉なら先代の12人から、100馬力なら現状の5〜6人から。

銭湯世界の奥深さとその魅力を伝え、未来に残してゆく作業は、ここから始まると私は思う。

女湯は番台と脱衣場の間に壁がある。
が、動き回る二宮さんが番台に座ることはまずない。

清心温泉《せいしんおんせん》

- 岡山市北区清心町2-1
- 090-2807-9184
- 16：00〜23：00
- 休 営業日は清心温泉ブログでご確認ください。
- http://seishinonsen.jugem.jp/
  山陽本線「岡山」徒歩8分

コラム

悦子さんの100馬力

70歳からの銭湯開業

「びっくりしたち。海水を汲み上げるポンプが2年でだめになって、さっそく交換したち」

大分空港にほど近い国東半島の安岐漁港に、「100馬力」という変わった名の風呂屋がある。

オープンしたのは2013年7月、小さな浴室は数人でいっぱいになる。お湯は海水を汲み上げて濾過した「潮湯」で、まろまろと肌触りよく、あとあとまで温もりが消えない。海水そのままの水風呂もあり、温冷交互浴の気持ちよさはクセになる。

1日に来る入浴客は5～6人。「8人来たら上等や」。

100馬力から見下ろす安岐漁港。

ここは椥野《なぎの》悦子さんが70歳になってから夢を実現させて作った銭湯だ。

ここに風呂があれば……

7歳で父親を亡くした悦子さんは、中学校を出てから働き詰めの人生を送ってきた。結婚してから海苔養殖で失敗し多額の借金を抱えたが、漁師らが獲った魚を遠くの魚市場まで売りに行ったり、縫製工場でハンカチ製造を取り

港を見下ろす高台に建つ「集いの潮湯100馬力」。

仕切ったり、人一倍働くことでなんとか乗り越えてきた。

そんな悦子さんの趣味は温泉めぐりだった。しかし母親の介護が始まると、それも難しくなった。大分県は日本一の温泉県だが、安岐にはない。近くの病院にも付き添いの家族が入れる風呂がなかったし、大分空港で欠航や遅延が出ても時間をつぶせる場所がない。別府まで行かなくてもここに風呂があれば……。

もともと瀬戸内海沿岸には、海水を沸かす塩湯の文化があった。かつては国東市の中心部にもあったが途絶え、その後「塩湯再生セミナー」が行われたこともあったが実現しなかった。

小さくてもいい、安岐に塩湯のお風呂屋さんを作りたいなぁ……

それは悦子さんの夢になっていく。

まだまだやれる

70歳になったある日、島根県に住む友人からこんな話を聞いた。

「近くの84歳のおばあちゃんが長年続けてきた銭湯を無料開放し、料理や縫い物をする集いの場所にしているよ」

その言葉を聞いて悦子さんは決断した。私はまだ70歳じゃないか。10年以上やれるはずだ。

梛野悦子さん。

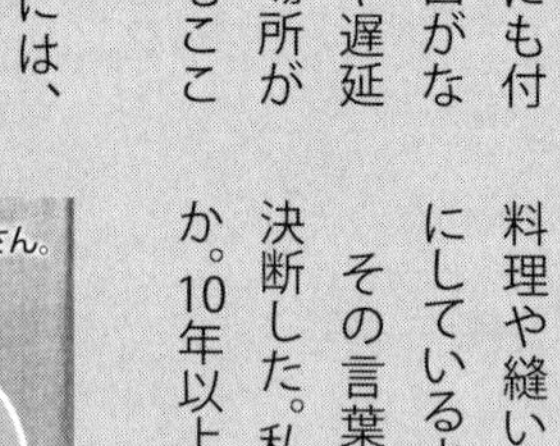
悦子さんがとってきたニナ貝。

場所は祖母が持っていた縫製工場の跡地を借り、保険や積み立てなどをつぎ込んだ。

　風呂屋の名前は「100馬力」とした。悦子さんにとって、漁師たちの間で交わされる「あの速い船は何馬力か？」という、子どもの頃から聞き慣れた言葉は、パワーの基本単位だ。それをこのさい1馬力や2馬力ではなく、100馬力で。悦子さんの思いが乗り移ったような屋号に、こっちまで元気になりそうだ。

　3ヵ月間の工事を経て「100馬力」は完成し、暑い夏の日にオープンした。風呂は小さいが、設備は一般銭湯にも劣らない。客の視点に立ったていねいな店づくりからは、悦子さんの本気度がひしひしと伝わる。これは決して老いらくの趣味なんかではない。正真正銘、本物の銭湯だ。

　ロビーは浴場部分の何倍も広く、ゆっくり楽しめるようギターや将棋や卓球台まで置かれている。

　そして嬉しいのは風呂上がり、悦子さんが海で穫ったニナ貝を出してくれることだ。おにぎりや、冬場はおでんも販売する。

　帰りのバスの時刻さえなければ、いつまでもいたくなる。月並みな表現だが、「田舎のおばあちゃん家に帰ってきたような」を絵に描いたような憩いの空間だ。

　ゼロから夢を実現させ、嬉々として湯を沸かす悦子さん。客は少なくとも、その大らかな笑顔には、「風呂」の持つ力に対する迷いなき信頼が満ちている。

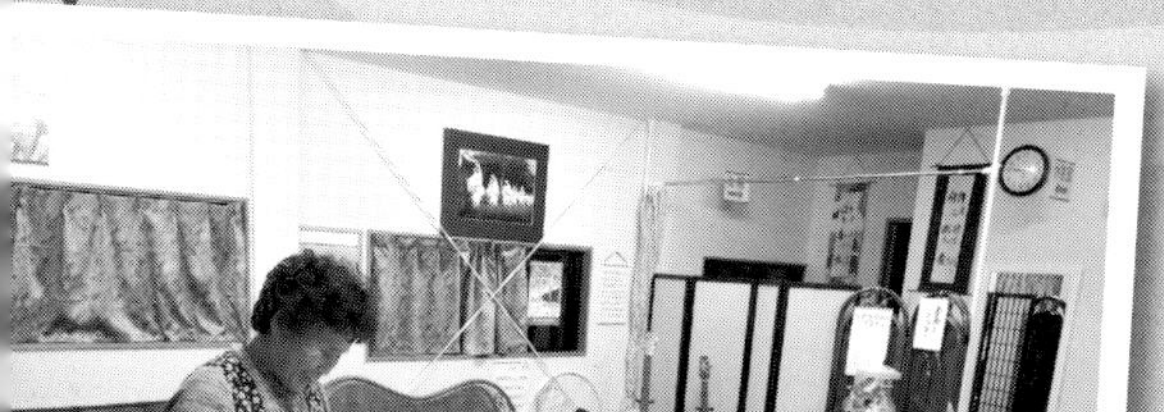

広いロビー。

客は少なくとも
自動券売機がある。

集いの潮湯《つどいのしおゆ》 100馬力《ひゃくばりき》

- 大分県国東市安岐町下原3074
- 0978-67-0297
- 15:00～21:00
- 休 火曜日
- 大分交通バス「杵築バスターミナル」乗り換え「安岐湊局前」徒歩9分

1 広いほうの湯船は熱い塩湯、小さいほうは海水のまま。2 石鹸・シャンプー備え付け。説明書きなども丁寧だ。3 脱衣場にはコインロッカーもある。ドライヤーやティッシュなどアメニティの充実は一般銭湯を凌ぐ。

参考　「アラセブの挑戦――100馬力」
椰野悦子、私家版、2013年

コラム

地方のレトロ銭湯訪問のオキテ

銭湯は、基本的に誰が行っても歓迎してもらえます。でもローカル性の強い世界なので、あなたの住んでいる場所の銭湯とは異なる点があるかもしれません。

いくつかのことに配慮して、見知らぬ土地での銭湯体験を楽しみましょう。

1

営業時間が「21：00まで」となっていても、早く閉まることがあります。1時間ほど余裕をみて訪ねましょう。

2

番台でお金を払うとき、1万円札や5千円札を出すのはやめましょう。必ず小銭を用意しておきましょう。

3

まれに、番台に誰もいないことがあります。大きな声で「すんませーん!」と叫んでみましょう。それでも誰も出て来ない場合は、番台に料金分のお金を置いて先に入ってもたいてい大丈夫です。また脱衣場に他のお客さんがいたら、「お金ここに置いとけばいいですか?」と一声かけましょう。

4

一般的に、石鹸やシャンプーは備え付けられていません。タオルとともに持参しましょう。手ぶらで来てしまった場合は、番台で販売されている小さな石鹸やシャンプーを購入しましょう。販売がない場合はたいてい貸してもらえます。

5

まれに、シャワーやカランの調子が悪いこともあります。「なんやこれ」と怒るより、「こんな状態でもがんばって続けてくれている」と感謝するほうが楽しめます。

6

まれに、いつまで待ってもシャワーから水しか出てこないこともあります。水シャワーを浴びて体を鍛えましょう。

7

湯船の湯が熱くて入れないときは、他のお客さんに「うめてもいいですか?」と聞いてから水でうめましょう。他のお客さんがいない場合でも、あまりうめすぎないように。45度くらいまでなら我慢して体を鍛えましょう。

8

まれに電気風呂が通電していないことがあります。潔くあきらめましょう。

9

まれに刺青のある人が入っていることがありますが、銭湯は基本的に刺青ＯＫです。

10

まれに脱衣場での喫煙可のことがあります。あなたが嫌煙家の場合、初訪問でいきなり文句を言ってもたぶん通用しませんので、20回ほど通って様子をみましょう。

おわりに――

「西」の風呂で会いましょう

地方に残るレトロ銭湯へ行けば行くほど、ゼニカネの話を超越したような、風呂屋という空間とそこにいる人によって醸し出されるピュアな魅力が見えてきます。それは昔から同じ製法で作り続けられてきた酒や味噌のように、時空を超えて普遍的に通用する魅力だと思います。

しかし残念ながら、その魅力に気づいている人はまだ多いとはいえず、そのため廃業の勢いは止まりません。名所旧跡と違って、銭湯に「いつか行こう」は通用しないのです。

このまま失うのはあまりに惜しい。この魅力をみんなに伝えたい。そしてレトロ銭湯を懸命に維持しておられる方々を力づけたい。それもできるだけ早く。

そんな思いに駆られ、私がこれまで西日本の旅で出会った、未来に残したいレトロ銭湯をあらためて取材したのがこの本です。

前作の「関西版」に続き、今回も数え切れないほどたくさんの人々に助けていただきました。一人一人お名前を挙げて感謝の気持ちを表したいところですが、あまりに多いため、勝手ながらすべて割愛させていただきます。そのかわり今度風呂上がりにビールでもごちそうしますよ！

最後に、これも「関西版」に続いてひとつだけ注意点。本書にはたくさんの裸が出てきますが、すべて本書の趣旨を理解した上でモデルになってくださった方々です。温浴施設での盗撮事件なども起きている昨今、銭湯店主の許可なく銭湯内部を撮影することは決してしないでください。

ではでは、さっそく今度の連休あたり、どこかの銭湯の湯船でみなさんとバッタリ出会えるのを楽しみに。

松本康治

〈 写真・文 〉

松本 康治《まつもと こうじ》

1962年、大阪府生まれ。出版社勤務を経て、1987年に医療系出版社「さいろ社」設立。山歩き後の銭湯と、風呂上がりのビールをこよなく愛する。現在、神戸市在住。

「関西の激渋銭湯」「神戸の銭湯」「激渋食堂メモ」などのサイトを主宰するほか、銭湯ファンの仲間たちと「ふろいこか～プロジェクト」を立ち上げ、銭湯を勝手に応援している。なかでも、まちあるきと銭湯体験を合体させたミニツアー「関西てくてく銭湯」（月1回程度、参加者募集中）が人気（http://www.sairosha.com/furo/tekusen.htm）。著書に『レトロ銭湯へようこそ 関西版』『関西のレトロ銭湯』（戎光祥出版）、『ぼくが父であるために』（春秋社）、『看護婦（ナース）の世界』（共著、宝島社）など。

レトロ銭湯《せんとう》へようこそ 西日本版《にしにほんばん》

2017年5月10日　初版初刷発行

写真・文　松本康治

発行者　伊藤光祥

発行所　戎光祥出版株式会社
〒102-0083 東京都千代田区麹町1-7
相互半蔵門ビル8F
TEL:03-5275-3361（営業）／03-5275-3362（編集）
FAX:03-5275-3365
http//www.ebisukosyo.co.jp/
info@ebisukosyo.co.jp

デザイン　中村美登利

編集・製作　さいろ社　株式会社イズシエ・コーポレーション

印刷・製本　日経印刷株式会社

ISBN978-4-86403-244-5